I0112368

NOTIONS

DE

GÉOLOGIE

8° S
7804

NOTIONS

DE

GÉOLOGIE

A L'USAGE

DE L'ENSEIGNEMENT SECONDAIRE CLASSIQUE

ET

DE L'ENSEIGNEMENT SECONDAIRE MODERNE

(CLASSE DE CINQUIÈME)

PAR

Aug. DAGUILLON

ANCIEN ÉLÈVE DE L'ÉCOLE NORMALE SUPÉRIEURE, AGRÉGÉ DE L'UNIVERSITÉ
DOCTEUR ÈS SCIENCES
PROFESSEUR AU LYCÉE JANSON-DE-SAILLY

OUVRAGE ORNÉ
de 170 figures intercalées dans le texte, d'une carte géologique de la France
et de plusieurs coupes géologiques

PARIS

LIBRAIRIE CLASSIQUE EUGÈNE BELIN

BELIN FRÈRES

RUE DE VAUGIRARD, 52

1893

DÉPÔT LÉGAL
Seine & Oise
N° 174
1893

Tout exemplaire de cet ouvrage, non revêtu de notre griffe, sera réputé contrefait.

SAINT-CLOUD. — IMPRIMERIE BELIN FRÈRES.

PRÉFACE

Ces leçons élémentaires de Géologie sont conformes aux programmes arrêtés le 12 août 1890 et le 15 juin 1891 pour la classe de cinquième de l'enseignement secondaire classique et de l'enseignement secondaire moderne.

Le professeur ne disposant que d'un semestre, l'auteur a divisé son cours en seize leçons, dont il pense que le contenu pourra être étudié intégralement dans l'enseignement moderne, où la durée de la classe hebdomadaire est d'une heure et demie, tandis que certains détails devront probablement être omis dans l'enseignement classique, où cette durée est réduite à une heure.

L'auteur espère qu'on lui saura gré d'avoir intercalé dans le texte de la partie stratigraphique plusieurs croquis destinés à montrer l'extension probable de quelques mers anciennes à la surface du sol actuel de la France.

Février 1893.

PROGRAMME OFFICIEL

DU 12 AOUT 1890

pour la classe de Cinquième
(*Enseignement secondaire classique*)

Notions sommaires sur les principales roches : granit, porphyre, argile, schiste, calcaire, marne, grès.

I. — Modifications continues du sol.

Dégradations des roches par l'action de l'eau et de l'air. — Creusement des vallées. — Alluvions, deltas, dépôts marins.

Glaciers, moraines, blocs erratiques.

Sources thermales, dépôts, filons métallifères.

Volcans. — Filons de roches.

Soulèvements et affaissements lents. — Tremblements de terre. — Failles.

II. — Roches stratifiées et non stratifiées.

Fossiles ; leur utilité pour caractériser les terrains.

Aperçu général sur la formation du sol de la France. — Indication sommaire des terrains qu'on y rencontre, de leur ordre de formation, des fossiles principaux qui les caractérisent et des principales substances minérales utiles qu'ils renferment.

Idée de l'apparition successive des divers groupes d'animaux et de végétaux.

(Une heure par semaine pendant un semestre.)

Nota. — Le programme du 15 juin 1891 pour la classe de cinquième de l'enseignement moderne est identique au précédent, mais correspond à une classe d'une heure et demie par semaine pendant un semestre.

NOTIONS DE GÉOLOGIE

PREMIÈRE LEÇON

Les roches cristallines.

La Géologie. — La *Géologie* (de deux mots grecs :
γῆ, la terre ; — λόγος, discours, étude) est, comme l'indique son nom, la science qui a pour but l'étude de la
terre. Elle ne s'occupe pas seulement de sa configuration
extérieure, ce qui est le propre de la géographie physique,
mais aussi de sa structure interne. Elle ne se contente pas
non plus de l'étudier à un seul et même instant de son
existence ; elle se propose encore d'enregistrer les modifications continues qu'elle éprouve chaque jour sous nos
yeux ; enfin (et c'est là l'objet principal de ses recherches),
elle tente de reconstituer, autant qu'il est possible de le
faire, l'histoire de la formation du globe terrestre.

La Terre. — On sait[1] que le globe terrestre présente
à peu près la forme d'une sphère, légèrement aplatie aux
deux extrémités d'un de ses diamètres ; ces deux points
sont les pôles (*pôle nord* et *pôle sud*) : une circonférence
tracée sur la surface terrestre, à égale distance des deux
pôles (*équateur*), la divise en deux moitiés ou *hémisphères*
(*hémisphère* nord ou *boréal*, *hémisphère* sud ou *austral*).
Le rayon de la terre est en moyenne de 6366 kilomètres.
La surface du globe terrestre est occupée sur certains
points par des masses solides, qui constituent les *continents*
et les *îles* ; sur d'autres par un élément liquide, l'*eau*, qui

---

1. Voir le cours de géographie de la classe de sixième.

forme les *océans* et les *mers*; les continents, développés
surtout dans l'hémisphère boréal, occupent à peu près
un quart de la surface totale ; les trois quarts restants correspondent aux océans et aux mers. La surface des continents présente un *relief*, résultant des parties saillantes
(*montagnes* ou *plateaux*) et des parties déprimées (*plaines*);
mais si l'on réfléchit que le sommet le plus élevé que l'on
connaisse, le Gaurisankar (Himalaya), ne dépasse pas une
altitude de 8 840 mètres au-dessus du niveau des mers, il
faut bien avouer que ce relief a peu d'importance au point
de vue purement géométrique : on dit communément, —
ce qui est encore fort loin de la vérité, — que les reliefs
les plus saillants de la terre ne sont pas plus sensibles à
sa surface que les aspérités de l'écorce d'une orange. De
même, le fond des océans et des mers offre des dépressions
souvent considérables en elles-mêmes (jusqu'à 8 500
mètres), mais qui n'ont pas plus d'importance relative que
les reliefs des continents.

Le globe terrestre est protégé de tous côtés par une
couche d'air dont l'épaisseur est mal connue : c'est l'*atmosphère*.

Les roches. — Les parties solides de la surface
terrestre (continents et îles) sont généralement enveloppées
par un manteau terreux, plus ou moins épais, d'aspect
assez uniforme, sur lequel poussent les plantes : c'est ce
qu'on appelle la *terre végétale*. Si on enlève cette première
couche, on rencontre au-dessous d'elle des masses solides
d'aspects très divers qui constituent le *sous-sol* : toutes les
matières, simples ou composées, que l'on rencontre ainsi
au-dessous de la terre végétale et qui contribuent à former
la partie solide de la terre, sont réunies sous le nom de
roches. On voit par là que le mot *roche*, réservé dans le
langage ordinaire aux masses dures et résistantes, prend
en géologie une signification beaucoup plus étendue; il
n'implique aucunement l'idée d'une grande dureté et
convient également pour désigner le sable le plus ténu et
le marbre le plus compact.

Roches cristallines et roches stratifiées. — Si l'on examine dans la nature un nombre suffisant de roches diverses, on ne tarde pas à reconnaître que la plupart d'entre elles peuvent être distribuées en deux séries bien distinctes.

Les unes (*fig.* 1, C) forment des masses irrégulières; leur surface, souvent tourmentée, présente fréquemment des cristaux, c'est-à-dire de petits corps limités par des faces planes et dont la cas-

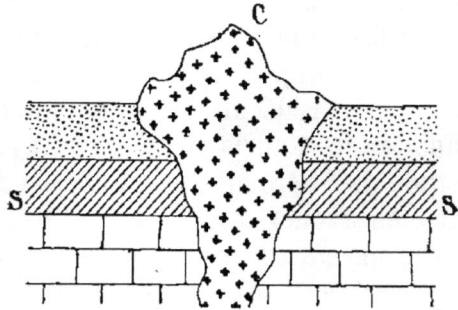

Fig. 1. — Roches cristallines (C) et stratifiées (S).

sure se fait suivant de nouvelles faces planes. On les appelle *roches cristallines*[1].

Les autres (S), souvent traversées par les roches cristallines, sont au contraire disposées régulièrement en couches parallèles ou *strates*; elles ne renferment qu'exceptionnellement des cristaux; enfin on y trouve fréquemment des débris pétrifiés ou des empreintes d'êtres vivants (animaux ou végétaux), c'est-à-dire ce qu'on appelle des *fossiles*. Ces roches sont dites *stratifiées*[2].

Le granit. — Un des meilleurs exemples que l'on puisse choisir parmi les roches cristallines est le *granit*. C'est une roche très commune et très employée : le granit de Vire est utilisé pour la fabrication des dalles de trottoirs à Paris. On trouve diverses variétés de granit dans le Limousin, en Auvergne, en Bretagne et dans les parties centrales des chaînes des Alpes, des Pyrénées, des Vosges. Sa couleur générale est ordinairement grisâtre.

Si l'on examine de près, et de préférence à l'aide d'une loupe, la surface fraîche d'un morceau de granit qu'on vient de briser (*fig.* 2), on y reconnaît bientôt la présence de nom-

1. On les nomme encore roches *éruptives*, *ignées* ou *plutoniennes*.
2. On les appelle encore roches *sédimentaires*, *aqueuses* ou *neptuniennes*.

breux cristaux, ayant tous à peu près les mêmes dimen-

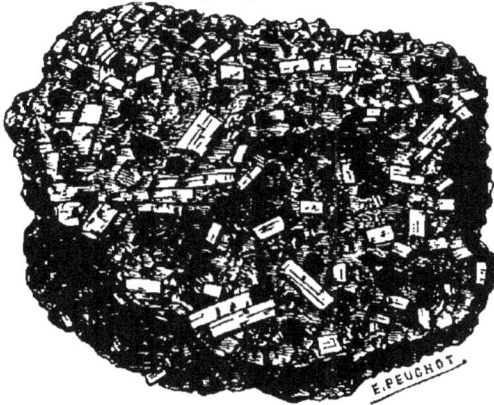

Fig. 2. — Granit.

sions et étroitement enchevêtrés les uns dans les autres.

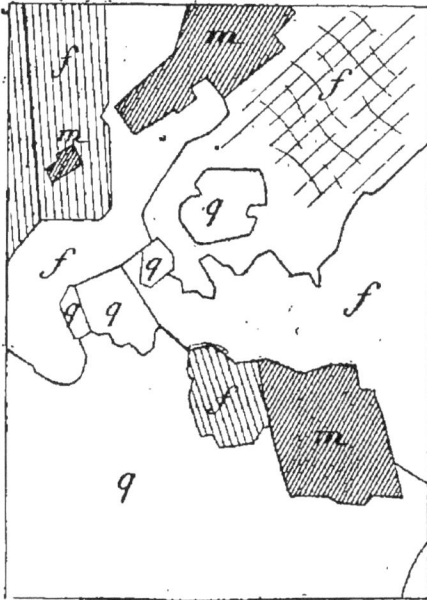

Fig. 3. — Coupe mince d'un fragment de granit, vue au microscope : *q*, quartz; *f*, feldspath orthose; *m*, mica noir.

Ces cristaux ne sont pas tous semblables ; ils sont de trois formes différentes.

Les uns se présentent avec des contours et des cassures assez irrégulières ; ils ont à peu près l'aspect de grains de verre imparfaitement transparents (*fig.* 3, *q*). La substance qui les forme est le *quartz* ou *cristal de roche* ; elle est très dure et capable de rayer le verre ; la chimie nous apprendra plus tard que c'est de la *silice* pure. Dans d'autres roches, le quartz se présenterait en cristaux plus volumineux et plus intacts ; on verrait alors que la forme de ces cristaux est souvent celle d'un prisme à six faces latérales (prisme hexagonal), terminé à ses deux extrémités par des pyramides hexagonales (*fig.* 4).

- D'autres cristaux, dans le granit, ont une forme géométrique plus nette (*fig.* 3, *f*); ce sont ordinairement des parallélépipèdes plus ou moins complets, opaques, de couleur blanche ou légèrement teintée de rose, *se clivant*[1] facilement. Ils appartiennent à un groupe de substances appelées *feldspaths* : le feldspath qu'on rencontre dans le granit est le *feldspath orthose* (*fig.* 5) ; c'est un corps résultant d'une combinaison de la silice, de l'alumine et de la potasse, — ce qu'on appelle en chimie un *silicate d'alumine et de potasse.*

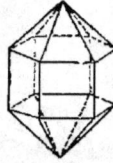

Fig. 4.
Quartz.

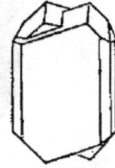

Fig. 5.
Feldspath orthose.

Enfin, si on peut supprimer dans le morceau de granit étudié, et si nous faisons disparaître par la pensée les grains de quartz et les cristaux d'orthose, restent de petites paillettes noires (*fig.* 3, *m*), douées d'un éclat métallique, se laissant détacher assez facilement au couteau (*fig.* 6). La substance qui les forme doit à son éclat et à sa couleur le nom de *mica*[2] *noir*; c'est encore un composé de la silice, un silicate assez complexe (*silicate d'alumine, de potasse, de fer et de magnésie*).

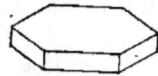

Fig. 6.
Mica noir.

En somme, le granit est formé uniquement de petits cristaux enchevêtrés, sans interposition d'aucun ciment, d'aucune *pâte* (comme disent les géologues), au point que, si on pouvait détacher un à un tous les cristaux qu'on remarque dans un morceau de granit, il ne resterait rien de ce morceau entre les mains de l'opérateur. On peut remarquer aussi que par son quartz, son feldspath et son mica, le granit renferme une proportion considérable de silice.

1. On dit qu'une substance cristallisée *se clive*, lorsque les chocs peuvent en détacher des lamelles limitées par des faces planes.
2. Du latin *micare*, briller.

Roches granitoïdes. — On réunit, sous le nom de *roches granitoïdes*, toutes les roches cristallines qui offrent la même structure que le granit, sans avoir la même composition chimique : elles sont *entièrement* formées de cristaux *visibles à l'œil nu*.

Parmi elles on peut citer le *granit à amphibole*[1], dans lequel le feldspath (*microcline*) possède une coloration rouge qu'il communique à la roche tout entière, tandis que les paillettes de mica noir sont remplacées en partie par de l'*amphibole*, silicate de couleur verte, qui se présente en longues aiguilles prismatiques et striées. Cette roche était exploitée à Syène, dans la haute Egypte ; c'est elle qui forme l'obélisque de Louqsor, dressé sur la place de la Concorde, à Paris.

Dans la *granulite*, très commune sur les côtes de Bretagne, où elle forme en particulier le massif du mont Saint-Michel, les cristaux de quartz sont plus nets que dans le granit, et le mica noir est remplacé par une autre variété de mica, le *mica blanc* : c'est un silicate plus riche en potasse et qui se présente en lames assez étendues, transparentes, flexibles ; on l'a longtemps employé en Russie pour remplacer le verre à vitres (d'où son nom de *muscovite*), et ses fragments, mélangés à des sables, ont été pris parfois pour des paillettes d'or par des observateurs inexpérimentés.

La *pegmatite* est une granulite dans laquelle le mica blanc est distribué par places en larges plaques : dans la *pegmatite graphique*, la disposition régulière du quartz au milieu du feldspath, aux endroits qui ne renferment pas de mica, donne aux surfaces de cassure, après le polissage, un aspect caractéristique d'écriture hébraïque.

La *syénite à deux éléments*, commune dans les Vosges, est entièrement dépourvue de quartz.

Les *diorites* et les *diabases*, qu'on rencontre en Bretagne, sont des roches réduites, comme la précédente, à deux éléments, et dont la surface est marquée de blanc et de noir ; dans les diorites se rencontrent un feldspath (*oligo-*

---

[1]. C'est ce qu'on appelle encore la *syénite à trois éléments* (du nom de la ville de Syène, en Egypte).

clase ou *labrador*) et l'amphibole; dans les diabases, l'amphibole est remplacée par un minéral voisin, le *pyroxène*.

On donne le nom de *microgranulite* à une roche formée des mêmes cristaux que la granulite; mais, parmi ces cristaux, quelques-uns sont de grandes dimensions, tandis que les autres, beaucoup plus petits[1], s'unissent entre les premiers pour y former une sorte de pâte cristalline. C'est encore une roche granitoïde, puisqu'elle est entièrement cristallisée; mais sa texture, un peu différente de celle du granit (existence d'une pâte réunissant de grands cristaux), a reçu le nom de *texture porphyrique*, ce qui justifie le nom de *porphyre quartzifère* qu'on donne encore à cette roche. On la rencontre abondamment à Sillé-le-Guillaume, près de Laval.

Porphyres. — Le porphyre quartzifère nous conduit

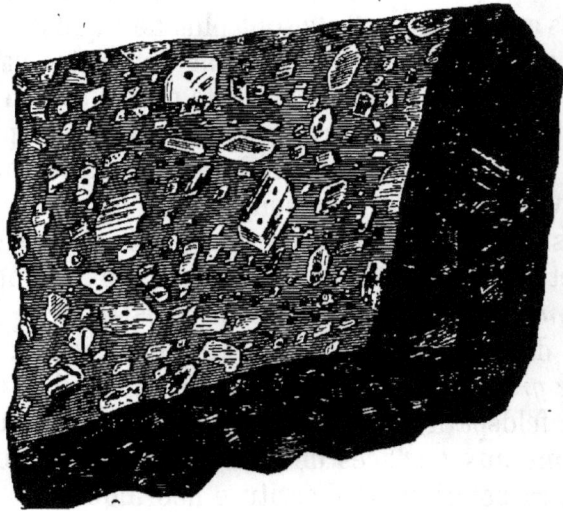

Fig. 7. — Porphyre.

à un second groupe de roches cristallines, dont la structure est essentiellement différente de celle des roches granitoïdes : ce sont les *porphyres* proprement dits. Dans un véritable porphyre (*fig.* 7), il y a deux choses à distinguer : 1° *des cristaux* plus ou moins volumineux, mais visibles à l'œil nu; — 2° *une pâte amorphe*, c'est-à-dire dépourvue de

---

1. D'où le nom de *microgranulite* (de μικρός, prononcez *mikros*, petit).

cristallisation et qui semble coulée entre les cristaux qu'elle unit les uns aux autres. Les *porphyres globulaires* et *pétrosiliceux* sont communs dans les Vosges. Souvent la pâte des porphyres est assez compacte pour que la roche se laisse polir par le frottement et puisse être employée à l'ornementation : le *porphyre vert antique* était extrait d'une carrière de la Morée, tout près de Sparte ; le *porphyre rouge antique* était originaire d'Égypte, où on l'exploitait dans des carrières voisines de la mer Rouge.

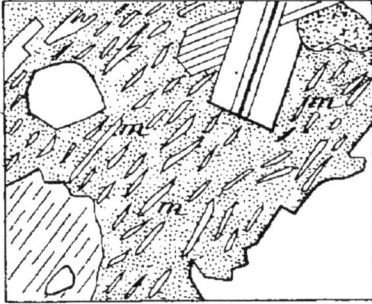

Fig. 8. — Coupe mince d'un porphyre, vue au microscope ; *m*, microlithes.

Roches trachytiques. — Les *trachytes*[1], roches compactes et rudes au toucher, assez communes en Auvergne, ont encore une structure différente. A l'œil nu on y distingue quelques cristaux semés dans une pâte qui paraît entièrement amorphe, c'est-à-dire non cristallisée ; mais, si l'on examine au microscope une lamelle de la roche polie à la meule et rendue assez mince (2 ou 3 centièmes de millimètre d'épaisseur) pour être observée par transparence, on reconnaît (*fig.* 9) que la pâte renferme une multitude de cristaux infiniment petits (*m*), allongés en forme de baguettes ; on leur a donné le nom de

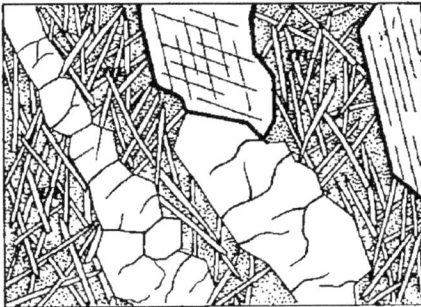

Fig. 9. — Coupe mince d'une roche trachytique vue au microscope ; *m*, microlithes.

microlithes[2] ; ils paraissent avoir été entraînés par des

----

1. Du mot grec τραχύς, prononcez *trakus*, rude.
2. Ou *petites pierres*, de deux mots grecs : μικρός, prononcez *mikros*, petit ; — λίθος, prononcez *lithos*, pierre.

courants d'une matière fluide qui se serait en quelque sorte figée au moment de la formation de la roche[1]. — Les cristaux visibles à l'œil nu dans les trachytes appartiennent à une variété d'orthose d'aspect vitreux, dite *sanidine*, et au pyroxène; la pâte est surtout formée de feldspaths et contient aussi de la *magnétite*, un oxyde de fer qui possède la propriété de dévier l'aiguille aimantée.

On rattache aux trachytes : la *domite*, une roche qui contribue à former la chaîne des Puys, en Auvergne, et en particulier le Puy de Dôme, ce qui justifie son nom; — la *phonolithe*, remarquable par le son clair qu'elle rend au choc[2]; — les *andésites*, qui tirent leur nom de la chaîne des Andes, en Amérique.

Les *basaltes* partagent à peu près la structure des trachytes. Ce sont des roches lourdes, compactes, de couleur noirâtre, qu'on rencontre assez fréquemment aussi en Auvergne : il n'est pas rare qu'elles forment de longues chaussées, divisées régulièrement en prismes hexagonaux parallèles, rapprochés à la façon des tuyaux d'orgue (Orgues d'Espaly, près du Puy-en-Velay). La pâte des basaltes est riche en magnétite et feldspath *labrador*; les cristaux, visibles à l'œil nu, sont souvent formés d'un silicate dit *péridot* ou *olivine*.

Roches vitreuses. — Un dernier type des roches cristallines est celui des *roches vitreuses*. Celles-ci, comme l'indique leur nom, présentent des aspects assez analogues à ceux de verres diversement colorés. L'examen à l'œil nu n'y montre pas de cristaux; l'étude microscopique (*fig.* 10) y

Fig. 10. — Coupe mince d'une roche vitreuse, vue au microscope; *m*, microlithes; *tr*, cristallites.

révèle peu de microlithes (*m*) : elles ont une *structure*

---

1. On trouve aussi des microlithes dans la pâte des porphyres (voir *fig.* 8).
2. Du grec φωνή, prononcez *phôné*, son; — λίθος, prononcez *lithos*, pierre.

presque entièrement amorphe. Ceci justifie davantage leur nom de *roches vitreuses*, mais montre aussi l'insuffisance du terme *roches cristallines*, assez impropre dans ce dernier cas[1].

On peut citer, parmi les roches vitreuses, l'*obsidienne*, d'une belle couleur noire. Les *ponces*, de couleur plus ou moins claire, sont rudes au toucher, ce qui permet de les employer pour certains nettoyages où elles agissent par simple frottement; elles sont parfois assez légères pour flotter sur l'eau : elles doivent cette propriété à leurs pores nombreux qui se laissent pénétrer par l'air.

Roches acides, basiques et neutres. — Nous avons pu remarquer que toutes les roches cristallines renferment de la silice, soit à l'état de liberté (comme dans le quartz), soit à l'état de combinaison (dans les silicates). D'après leur richesse en silice, on les distribue souvent en trois séries : 1° les *roches acides*, qui renferment plus de 65 pour 100 en poids de silice (ex. : le granit, les porphyres pétrosiliceux); — 2° les *roches basiques*, qui en renferment moins de 50 pour 100 (ex. : les diorites et les basaltes); — 3° les *roches neutres*, qui en renferment entre 50 et 65 pour 100 (ex. : la syénite, les trachytes).

RÉSUMÉ

La Géologie a pour objet l'étude de la terre dans son état actuel et des modifications successives qu'elle a subies.

On appelle *roche* toute matière qui, au-dessous de la terre végétale, contribue à la formation de la partie solide du globe terrestre.

Il y a deux séries principales de roches : 1° les *roches stratifiées*, renfermant peu de cristaux, disposées en couches parallèles ou *strates*, et contenant souvent des *fossiles*; — 2° les *roches cristallines*, renfermant souvent des cristaux disposés en masses irrégulières et traversant les roches stratifiées.

---

1. Il faut remarquer cependant que la plupart des roches vitreuses contiennent au moins des *cristallites*, corpuscules microscopiques de formes diverses (*fig.* 10, *tr*) qu'on peut considérer comme des cristaux imparfaitement constitués.

ROCHES CRISTALLINES

A. Les *roches granitoïdes* sont entièrement formées de cristaux sensiblement égaux et enchevêtrés sans interposition d'aucune pâte.

Dans le *granit*, les cristaux appartiennent à trois espèces minérales : le *quartz* ou *cristal de roche* (silice pure), transparent et très dur ; — un *feldspath* (silicate d'alumine et de potasse), opaque et se clivant facilement ; — le *mica noir* (silicate d'alumine, de potasse, de fer et de magnésie), disposé en paillettes de couleur foncée et d'éclat métallique.

Dans la *granulite*, le mica noir est remplacé par du mica blanc.

Dans la *microgranulite*, certains cristaux, plus petits que les autres, forment, en se juxtaposant entre ceux-ci, une sorte de pâte interstitielle (*texture porphyrique*).

B. Un *porphyre* comprend : 1° des *cristaux* visibles à l'œil nu ; — 2° une *pâte amorphe* (non cristallisée) ; il se laisse souvent polir par le frottement.

C. Les *roches trachytiques* renferment peu ou pas de cristaux visibles à l'œil nu ; elles sont presque entièrement formées de cristaux microscopiques (*microlithes*), ex. : *trachytes, basaltes*.

D. Les *roches vitreuses* sont presque entièrement amorphes, ex. : *obsidienne, ponces*.

DEUXIÈME LEÇON

Les roches stratifiées et cristallophylliennes.

Roches stratifiées. — La plupart des roches stratifiées peuvent être réparties dans trois catégories principales : les *roches calcaires*, — les *roches argileuses*, — les *roches siliceuses*.

Roches calcaires. — On réunit sous le nom de *roches calcaires* des roches de consistance assez variable, mais qui cependant sont toujours susceptibles d'être rayées au couteau.

Leur caractère principal est de *faire effervescence avec les acides*; c'est-à-dire que si l'on verse à leur surface une goutte d'un acide quelconque (acide acétique ou vinaigre, acide azotique ou eau-forte, acide sulfurique ou vitriol, etc.),

Fig. 11. — Effervescence d'une roche calcaire au contact d'un acide.

on voit se produire au point attaqué par la goutte un dégagement plus ou moins vif de bulles gazeuses (*fig.* 11) : le gaz qui s'échappe ainsi n'est autre chose que l'*acide carbonique*; c'est le gaz que rejettent les poumons au moment de l'expiration et dont nous avons déjà étudié les propriétés[1]; c'est lui qui communique, comme nous le savons, à l'eau de Seltz et à beaucoup de liquides fermentés (la bière par exemple) leur saveur piquante.

Comment nous expliquer ce phénomène de l'effervescence? Les roches calcaires sont formées par du *carbonate de chaux*, c'est-à-dire par une combinaison de l'acide carbonique avec une substance connue en chimie sous le nom de *chaux*. Lorsque la pierre calcaire est soumise au contact d'un acide plus fort que l'acide carbonique, celui-ci est chassé par l'acide nouveau, qui s'empare de la chaux mise en liberté et forme avec elle une nouvelle combinaison : ainsi l'acide sulfurique, versé sur une pierre calcaire, forme au point de contact du *sulfate de chaux*[2].

Chauffée à l'air libre, c'est-à-dire soumise à la cuisson, une pierre calcaire perd son acide carbonique, qui se répand dans l'atmosphère; elle se fendille, *se délite* (pour employer le terme technique) et se transforme en une matière blanche et pulvérulente : c'est la chaux, restée seule.

Parmi les roches calcaires on peut citer les *marbres*. On réunit sous ce nom toutes celles qui sont assez compactes pour se laisser polir par le frottement. Cette propriété permet de les utiliser dans la statuaire ou l'ornementation.

1. Voy. les cours de Zoologie en sixième et de Botanique en cinquième.
2. On verra plus loin que le sulfate de chaux n'est autre chose que le plâtre.

Les marbres blancs, exploités dans l'antiquité à Paros, plus récemment à Carrare, sont surtout recherchés pour la finesse de leur grain et une certaine transparence qui imite celle de la chair ; on les désigne quelquefois du nom de *calcaires saccharoïdes*[1], à cause de leur ressemblance avec le sucre raffiné. Les marbres plus communs, que des impuretés teintent de différentes couleurs, sont employés à divers usages, par exemple pour la fabrication des tablettes de cheminées dans les appartements.

La *pierre lithographique*, de couleur gris jaunâtre, de grain très fin, mais de consistance assez tendre, est utilisée pour la gravure.

Les pierres de taille, employées à la construction des monuments et des maisons dans les villes, sont fournies par des *calcaires grossiers*, assez résistants, mais incapables de prendre au frottement une surface polie.

On donne le nom de *calcaires oolithiques*[2] à des pierres résultant d'une accumulation de petits grains arrondis et réunis par une sorte de ciment : la masse rappelle un peu l'aspect des œufs de poissons. Le *calcaire pisolitique*[3] diffère des précédents par les dimensions des grains, qui rappellent plutôt des pois.

La *craie* est un calcaire très friable, d'un blanc éclatant quand il est pur ; elle tache les doigts ; on l'emploie pour tracer des caractères par le simple frottement ; elle est aussi utilisée sous le nom de *blanc d'Espagne* pour le nettoyage des objets de ferblanterie.

Parfois le carbonate de chaux se rencontre sous forme de cristaux : ce sont souvent des *rhomboèdres*[4] (*fig.* 12) transparents et *biréfringents*[5], c'est-à-dire qu'ils fournissent des images doubles d'objets placés derrière eux : si l'on trace, par exemple, un mot sur une feuille de papier et qu'on

1. Du grec : σάκχαρον, prononcez *sakkharon*, sucre.
2. Du grec ᾠόν, prononcez *ôon*, œuf ; — λίθος, prononcez *lithos*, pierre.
3. Du grec : πίσος, prononcez *pisos*, pois ; — λίθος, prononcez *lithos*, pierre.
4. On donne le nom de *rhomboèdre* à un parallélépipède dont toutes les faces sont des losanges égaux.
5. Du latin : *bis*, deux fois ; — *refringens*, qui brise les rayons lumineux.

le recouvre d'un cristal biréfringent, le mot est vu
double. Sous cette forme particulière, le carbonate de
chaux a reçu le nom de *spath d'Islande.* Si on examine de

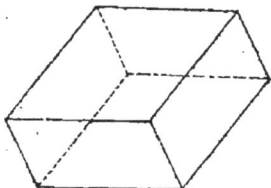

Fig. 12. — Spath
d'Islande.

près le calcaire saccharoïde, on peut
voir qu'il est formé par la juxtapo-
sition d'une multitude de petits cristaux semblables à ceux de spath
d'Islande; ce qui explique sa ressemblance avec le sucre cristallisé.

Les usages les plus généraux des
roches calcaires sont : 1° la fabrication de la chaux; — 2° le *chaulage* des terres.

La chaux s'obtient par une simple cuisson de la pierre

Fig. 13. — Four à chaux.

calcaire dans un four spécial, dit *four à chaux* (*fig.* 13) :
c'est une sorte de cheminée, ouverte à sa partie supérieure et sur le côté; on y forme, avec de gros morceaux

de calcaire, une voûte sur laquelle on empile les morceaux plus ténus; on allume au-dessous de la voûte un feu assez ardent; quand tout le calcaire a été transformé en chaux, on éteint le feu, on démolit la voûte et on extrait la chaux par l'ouverture latérale du four.

- La chaux ainsi préparée porte le nom de *chaux vive*; elle est très avide d'eau, à laquelle elle se combine très facilement et avec dégagement de chaleur, d'où une sen-. sation de brûlure lorsqu'on touche de la chaux vive avec les doigts mouillés. Combinée à l'eau, la *chaux* est dite *éteinte*; en la mélangeant au sable, on obtient une pâte dite *mortier*, qui se solidifie plus ou moins rapidement à l'air et sert à fixer les pierres dans les constructions.

Le *chaulage* d'une terre est l'opération consistant à y mélanger la chaux qui lui manque, et dont l'addition peut augmenter beaucoup sa fertilité.

Roches argileuses. — Les *roches argileuses* forment les terres communément désignées du nom de *glaises*. Elles se reconnaissent à trois caractères principaux.

1° *Elles sont plastiques.* — C'est-à-dire qu'elles peuvent se déformer sous une pression modérée, celle de la main par exemple, sans se briser. De là vient que l'argile plastique, qui présente au plus haut degré cette propriété, est employée par les sculpteurs pour le modelage de leurs ébauches.

2° *Elles font pâte avec l'eau.* — C'est ce qui explique pourquoi, à la suite d'une pluie abondante, la terre glaise adhère fortement aux chaussures. De là vient aussi qu'un morceau d'argile, placé sur la langue, s'y fixe en y produisant une sensation de sécheresse : on dit qu'il *happe à la langue*; c'est qu'il s'empare de la salive dont la muqueuse linguale est couverte. Lorsque l'argile a fait pâte avec l'eau, elle ne se laisse plus traverser par elle; on dit pour ce motif qu'elle est *imperméable* : ainsi un morceau d'argile façonné en forme de vase retient exactement l'eau qu'on y verse.

3° *Elles durcissent à la cuisson.* — Soumise à l'action de la chaleur en présence de l'air, au lieu de se déliter et de fournir une matière pulvérulente, comme ferait une roche calcaire, l'argile durcit et se transforme en une masse compacte et rugueuse; elle a perdu alors sa plasticité et la propriété de faire pâte avec l'eau, même quand on la réduit préalablement en poudre.

Les roches argileuses sont formées par du silicate d'alumine plus ou moins pur et plus ou moins hydraté, c'est-à-dire combiné avec de l'eau : l'effet de la cuisson est de chasser cette eau définitivement.

L'argile pure est une sorte de terre, de couleur blanche, au contact légèrement savonneux, qu'on appelle *kaolin*; on la trouve en France, à Saint-Yrieix, près de Limoges; elle est assez répandue en Saxe, et très commune surtout en Chine et au Japon.

Généralement l'argile est colorée de teintes diverses (jaunes, rouges, vertes) par des impuretés (souvent des composés ferrugineux).

Le principal usage des argiles est la fabrication des briques, des poteries, qu'on obtient par la simple cuisson d'argiles communes façonnées d'abord au moule ou au tour; — des faïences et des porcelaines, obtenues à l'aide d'argiles plus pures : c'est le kaolin qui sert à la fabrication des porcelaines fines.

Certaines variétés d'argiles, dites *smectiques,* ont la propriété de dégraisser les étoffes de laine : on peut citer la *terre à foulon,* utilisée pour ce motif.

On donne le nom de *schistes* à des roches qui se divisent facilement en feuillets parallèles. Il y a des schistes argileux. De ce nombre sont les *ardoises,* qui joignent à leur *fissilité* (propriété de se fendre facilement) une assez grande résistance.

Marnes. — Les *marnes* sont des roches stratifiées qui réunissent, dans une certaine mesure, les propriétés des roches calcaires et celles des roches argileuses : comme les premières, elles font effervescence plus ou moins nette avec les acides; comme les secondes elles font, quoique imparfaitement, pâte avec l'eau. Une *marne* est dite *argi-*

leuse ou *calcaire,* suivant que l'argile ou le calcaire domine dans sa composition.

Les marnes sont fréquemment employées en agriculture pour l'amendement des terres, auxquelles elles donnent l'argile ou le calcaire qui peut leur manquer : c'est l'opération connue sous le nom de *marnage.*

La cuisson de certaines marnes fournit une chaux impure dite *chaux hydraulique,* qui possède la propriété de durcir rapidement sous l'eau ; on l'utilise pour la fabrication de mortiers qu'on emploie spécialement dans les travaux exposés aux attaques de l'eau (piles de ponts, jetées, môles, etc.). Les *ciments* naturels sont analogues aux chaux hydrauliques et s'obtiennent par la cuisson de certains calcaires argileux.

Roches siliceuses. — Les *roches siliceuses* se reconnaissent surtout à leur grande dureté : elles rayent le verre et l'acier ; elles *font feu au briquet,* c'est-à-dire que le choc violent d'un morceau de fer y produit des étincelles, dues à la combustion vive des paillettes métalliques arrachées par la roche.

La cassure d'une roche siliceuse est généralement *conchoïdale* [1], c'est-à-dire en forme de coquille : elle présente une surface arrondie, limitée par des arêtes courbes.

Enfin les roches siliceuses ne font pas effervescence avec les acides.

Les roches siliceuses sont formées de silice plus ou moins pure, parfois cristallisée, plus souvent *amorphe,* c'est-à-dire compacte et dépourvue de cristallisation.

Exemples de roches siliceuses : le *quartz,* qui peut se rencontrer aussi bien dans les masses stratifiées que dans les formations cristallines ; — les *agates,* remarquables par les belles couleurs de leurs zones concentriques, et se laissant polir par le frottement ; — les *silex* ou pierres à fusil (ce sont les cailloux ordinaires), qu'on trouve notamment alignés en bancs réguliers dans certaines couches de craie ; — les *meulières,* roches résistantes mais creusées de nom-

_____
1. Du latin : *concha,* coquille.

2

breuses cavités qui leur donnent un aspect spongieux en leur communiquant une certaine légèreté, et qu'on emploie pour les constructions souterraines à cause de leur résistance à l'action destructive de l'humidité ; — les *sables* siliceux, formés entièrement ou presque entièrement de particules de quartz roulées et arrondies ; — les *grès*, dans lesquels les particules de quartz sont reliées entre elles par une pâte qui en forme une masse grenue et résistante (ce sont, en quelque sorte, des sables solidifiés), etc.

Gypse et sel gemme. — Il existe des roches stratifiées qui ne peuvent être rangées dans aucune des trois catégories que nous venons de passer en revue ; deux surtout méritent de nous arrêter : le *gypse* et le *sel gemme*.

Le *gypse* est du *sulfate de chaux hydraté*, c'est-à-dire qu'il résulte d'une combinaison de l'acide sulfurique ou vitriol avec de la chaux et de l'eau.

C'est ordinairement une roche compacte et blanche, qu'on pourrait au premier abord confondre avec une pierre calcaire ; nous l'en distinguerons à deux caractères : 1° elle est toujours assez tendre pour se laisser rayer à l'ongle ; — 2° elle ne fait aucune effervescence avec les acides.

Une variété peu commune de gypse est assez compacte pour se laisser polir par le frottement : c'est l'*albâtre*.

La variété dite *en fer de lance* (*fig.* 14) est au contraire très commune aux environs de Paris, dans les carrières de Sannois, Romainville, etc.; elle se présente sous forme de grosses lentilles transparentes et de couleur ambrée, desquelles on peut détacher, par un clivage facile, des lames aplaties ayant à peu près l'aspect de fers de lance.

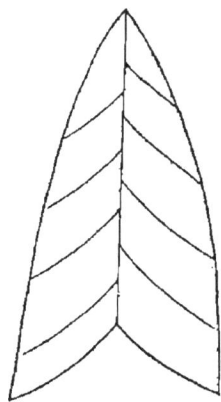

Fig. 14. — Gypse en fer de lance.

Le gypse n'est pas autre chose que la *pierre à plâtre*. Quand on le soumet à l'action d'une douce chaleur, il perd son eau et se transforme en une matière blanche et pulvérulente, le *plâtre* ou sulfate de chaux *anhydre*[1]. L'expérience peut être faite aisément avec une lamelle de gypse en fer de lance : si on la chauffe légèrement sur un bec de gaz, elle perd bientôt sa transparence et se délite. La fabri-

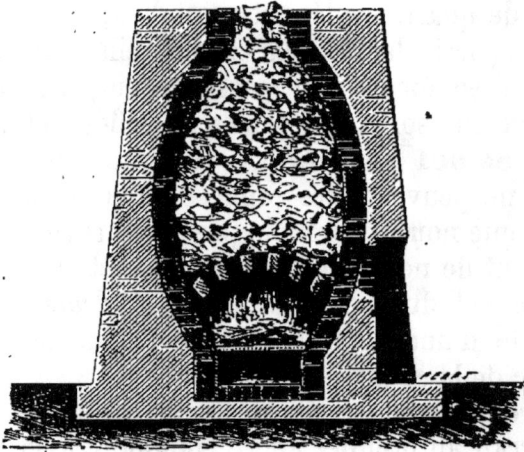

Fig. 15. — Four à plâtre.

cation du plâtre se fait dans des *fours à plâtre* (*fig.* 15), assez analogues aux fours à chaux ; mais la pierre à plâtre, pour sa transformation, est portée à une température moins élevée que la pierre à chaux. Le plâtre, ainsi obtenu, doit être conservé dans des sacs à l'abri de l'humidité : il se combine en effet à l'eau avec la plus grande facilité pour reconstituer une substance compacte, peu différente du gypse. Aussi, quand on gâche le plâtre avec l'eau, voit-on se former une bouillie qui ne tarde pas à durcir et qu'on emploie pour recouvrir les murs à l'intérieur des habitations. Comme cette bouillie, en se solidifiant, augmente de volume, on emploie aussi le plâtre pour les moulages : le gypse se dilate au moment de sa formation et pénètre dans les moindres anfractuosités du moule.

Le *sel gemme* a la même composition chimique et peut

1. C'est-à-dire dépourvu d'eau ; du grec : ἀ (lisez *alpha*) ; — ὕδωρ, lisez *hudôr*, eau ; la lettre grecque ἀ, ajoutée au commencement d'un mot, indique l'absence de l'objet que désigne ce mot.

être employé aux mêmes usages culinaires que le sel marin : c'est du *chlorure de sodium*. Lorsqu'il est pur, il est incolore et transparent ; mais fréquemment il est coloré, en rouge par exemple, par des impuretés. On le reconnaît à son goût et à sa grande solubilité dans l'eau. Quand il cristallise, c'est sous forme de cubes, isolés s'ils sont gros, quelquefois réunis en *trémies* (*fig*. 16) s'ils sont petits. On peut remarquer que dans l'intérieur du sol le sel gemme est souvent associé à d'autres minéraux, surtout à des sulfates (sulfates de chaux et de magnésie), qui accompagnent aussi le sel dans les marais salants du littoral.

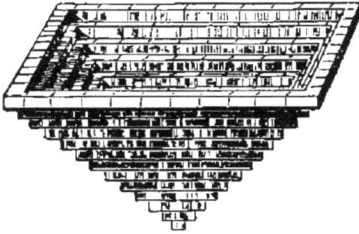

Fig 16. — Trémie de sel marin.

Roches cristallophylliennes. — La roche à laquelle on donne le nom de *gneiss* (*fig*. 17) et qui est assez

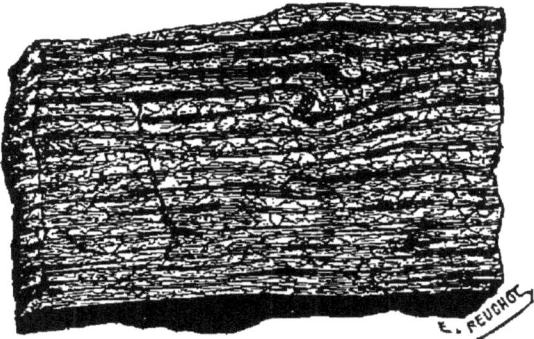

Fig. 17. — Bloc de gneiss vu par sa tranche.

répandue en Bretagne, en Auvergne, dans les Alpes, se montre formée des mêmes éléments que le granit (mica noir, feldspath orthose et quartz) ; mais ces éléments, au lieu d'être disséminés sans ordre comme dans le granit, sont disposés avec une certaine régularité : les lamelles de mica, notamment, forment une série de lits parallèles, qui communiquent à la roche tout entière, vue par sa tranche, un aspect feuilleté. Le gneiss réunit, comme on le voit, certains caractères empruntés aux roches cristallines (puisqu'il est entièrement formé de cristaux) et d'autres qui sont caractéristiques des roches stratifiées (comme la disposition de ses éléments en couches parallèles). Il est le type d'un groupe de roches qui, n'appartenant ni à la série des roches cristallines proprement dites, ni à celle des roches stratifiées, ont tiré de leur nature mixte le nom de *roches cristallophylliennes*[1]. C'est encore à ce groupe qu'appartiennent les *micaschistes*, entièrement formés de mica et de quartz (le mica en larges plaques, le quartz en grains intercalés aux feuilles de mica), et tous les *schistes cristallins*, dont le nom indique suffisamment la structure.

RÉSUMÉ

ROCHES STRATIFIÉES

Il y a trois groupes principaux de roches stratifiées :

1º Les *roches calcaires* (*carbonate de chaux*), qui font effervescence avec les acides et fournissent de la *chaux* par la cuisson; ex. : *marbres, pierre lithographique, calcaires grossiers* et *oolithiques, craie, spath d'Islande*, etc.

2º Les *roches argileuses* (*silicate d'alumine* plus ou moins pur), qui sont plastiques, font pâte avec l'eau et durcissent à la cuisson; ex.: *kaolin, argile plastique, schistes argileux*, etc. — On peut rattacher aux roches argileuses les *marnes* (mélanges de calcaire et d'argile).

3º Les *roches siliceuses* (silice plus ou moins pure), très dures, possédant une *cassure conchoïdale*, inattaquables aux acides; ex. : *quartz, agates, silex, meulière, sables siliceux, grès*, etc.

Certaines roches stratifiées n'appartiennent à aucune de ces trois catégories; par ex. le *gypse* ou pierre à plâtre (*sulfate de chaux hydraté*), le *sel gemme* (*chlorure de sodium*), etc.

On appelle *roches cristallophylliennes* des roches qui sont cristallisées et dépourvues de fossiles, comme les roches cristallines, mais dont les éléments sont disposés en feuillets parallèles comme ceux des roches stratifiées; ex. : *gneiss, micaschiste* et *schistes cristallins*.

1. De *cristallum*, cristal ; — φύλλον, lisez *phullon*, feuille.

TROISIÈME LEÇON

Phénomènes actuels. — Actions de l'air et de la mer.

Phénomènes actuels. — On a longtemps cru que les modifications successives du globe terrestre depuis son origine n'avaient pu se produire qu'à la suite de cataclysmes violents, séparés par des périodes de repos : chacun de ces bouleversements aurait marqué ce qu'on appelait une *révolution du globe* renouvelant de fond en comble l'état de la surface terrestre et de ses habitants. Ce n'est que vers le milieu de notre siècle que la majorité des géologues s'est ralliée à une idée qui semble plus juste. Pourquoi supposer, à moins d'avoir la preuve incontestable du contraire, que les phénomènes qui ont contribué dans le passé à modifier l'état du globe ont été profondément différents de ceux qui se passent encore aujourd'hui sous nos yeux? Pourquoi chercher à ces phénomènes (s'il n'y a pas une absolue nécessité) d'autres causes que celles qui agissent dans la nature actuelle? Sur ces considérations est fondée la théorie des *causes actuelles*, qui conduit à commencer l'étude de l'histoire de la terre par celle des *phénomènes actuels*.

Origine externe et origine interne. — Parmi les phénomènes naturels dont la surface terrestre est actuellement le siège, les uns ont incontestablement une cause extérieure au globe : ce sont par exemple les modifications que les eaux de pluie font subir au sol; on les réunit sous le nom de *phénomènes d'origine externe*. D'autres au contraire (de ce nombre sont les phénomènes volcaniques et les tremblements de terre) paraissent avoir, quelle qu'en soit au juste la nature, une cause intérieure au globe; on leur réserve le nom de *phénomènes d'origine interne.*

Phénomènes d'origine externe. — Il est facile de distinguer les agents capables de produire les phénomènes d'origine externe. L'*air*, qui forme l'atmosphère du globe, l'*eau* qui tombe à sa surface sous forme de pluies, de brouillards, de neiges, et qui va se rassembler dans les mers, sont les deux plus importants. Mais il ne faut pas négliger les *êtres vivants* (animaux ou plantes), qui peuvent inconsciemment contribuer à modifier l'état de la surface terrestre.

Action de l'air. — L'air est sans cesse en mouvement : les courants dont il est le siège sont les *vents*. Lorsqu'un vent assez violent s'attaque à une roche peu résistante, à un sable par exemple, il peut en arracher les particules et les entraîner à une distance souvent considérable; il contribue alors à détruire le sol, à le ronger en quelque sorte : c'est ce qu'on appelle un phénomène d'*érosion*[1]. Le sable entraîné par le vent se fixe plus loin, soit qu'il rencontre un obstacle, soit que la force du vent devienne nulle; le sol s'accroît alors par le dépôt de couches superposées régulièrement les unes aux autres, ou *sédiments* : c'est ce qu'on appelle un phénomène de *sédimentation.*

Les dunes. — L'exemple le plus frappant de sédimentation due à l'action de l'air est la formation des *dunes.*

Les dunes sont des monticules de sable situés ordinairement près de la mer, où ils s'alignent parallèlement au rivage. On en rencontre en France sur les côtes basses de la mer du Nord, sur les côtes de la Manche, entre les falaises de Boulogne et celles du pays de Caux, sur une partie des côtes du golfe du Lion, etc., mais surtout sur les côtes de Gascogne où elles forment une longue bande, étendue depuis l'estuaire de la Gironde jusqu'à l'embouchure de l'Adour. L'altitude des dunes ne dépasse pas en général 30 mètres; on en observe cependant sur

1. Du latin : *erodere*, ronger.

les côtes de Gascogne qui s'élèvent jusqu'à 75 mètres ; les plus hautes que l'on connaisse (de 120 à 180 mètres) sont situées en Afrique, sur les côtes de l'Atlantique, entre les caps Vert et Bojador.

Une dune présente généralement deux pentes inégales : une pente douce faisant face à la direction du vent domi-

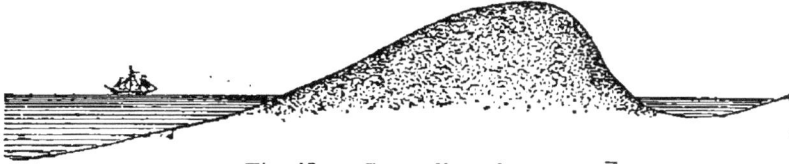

Fig. 18. — Coupe d'une dune.

nant, — une pente abrupte du côté opposé (*fig.* 18). On peut s'expliquer à la fois cet aspect des dunes et la cause de leur formation par une expérience simple (*fig.* 19) :

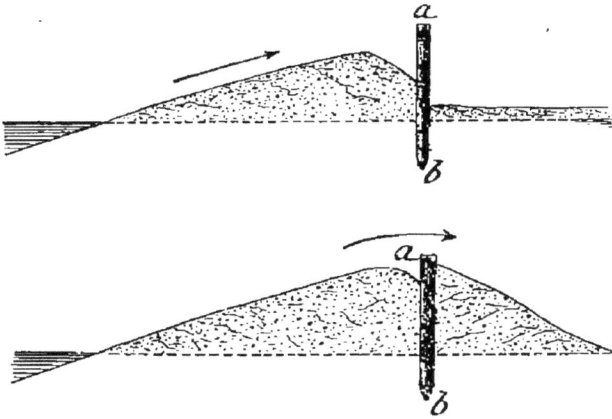

Fig. 19. — Formation d'une dune.

sur une plage de sable fin, à marée basse, lorsque le vent souffle avec force, plantons en terre une planchette (*ab*) perpendiculairement à la direction du vent ; les particules desséchées de sable que le vent apporte sont arrêtées par l'obstacle et s'accumulent régulièrement devant lui en couches doucement inclinées ; bientôt le sable amoncelé atteint le sommet de l'obstacle, et les particules nouvelles, après avoir remonté la pente, tombent du côté opposé où, soustraites un instant à l'action du vent, elles forment un talus escarpé ; l'obstacle primitif finit par disparaître, enseveli dans le sable ; une dune en miniature a été artificiellement créée. Telle est en réalité l'origine naturelle des dunes : toutes les fois qu'on peut remonter avec certitude jusqu'au moment de leur première apparition, on reconnaît qu'elle a eu pour point de départ l'existence d'obstacles (rochers, arbres, habitations, ruines, etc.), opposés à la marche du sable entraîné par le vent.

Une dune ne reste pas fixe après sa formation ; le vent, poursuivant son action sur elle, en déplace sans cesse les particules, qui roulent de proche en proche les unes sur les autres, entraînant avec elles la dune tout entière d'un mouvement continu : si on plante un piquet derrière une dune, à l'abri du vent dominant, ce piquet disparaît peu à peu sous le sable et, au bout d'un temps plus ou moins long, reparaît du côté opposé, attestant le déplacement de la dune dans le sens du vent.

C'est ce déplacement des dunes vers l'intérieur des terres qui les rend particulièrement redoutables : leur flot, montant sans cesse, envahit les cultures et peut même détruire des villages entiers. Elles ont aussi un autre effet : elles forment une barrière parfois infranchissable entre la mer et les eaux courantes venues de l'intérieur, dont elles arrêtent la circulation ; ainsi se constituent des étangs tels que ceux de Cazau et de Biscarosse, sur les côtes de Gascogne ; le bassin d'Arcachon, bien que communiquant encore librement avec l'Océan, n'a pas une autre origine. Brémontier[1], vers la fin du siècle dernier, ayant remarqué que l'envahissement des dunes de Gascogne datait de la disparition des forêts qui avaient autrefois couvert le pays, imagina d'arrêter les progrès du fléau en reboisant les dunes ; les forêts de Pin maritime dont il entreprit dès lors l'établissement, et qui sont aujourd'hui complètement développées, produisirent les meilleurs résultats : le feuil-

---

1. Ingénieur français (1738-1809).

lage toujours vert des arbres arrête le sable entraîné par le
vent; leurs racines et les feuilles mortes qui jonchent
le sol fixent la dune déjà formée. Dans le nord de la
France, c'est par des semis de plantes herbacées, à tiges
souterraines longues et traçantes (*Hoyat* ou *Psamma*
arenaria, de la famille des Graminées), qu'on est arrivé à
enrayer les progrès des dunes.

Action de l'eau. — L'eau se présente dans la nature
sous trois états :

1° L'*état gazeux* (vapeur d'eau) : c'est sous cet état
qu'elle se dégage en buée lorsqu'on fait bouillir de l'eau;
la vapeur d'eau est constamment répandue en plus ou
moins grande abondance dans l'atmosphère.

2° L'*état liquide*, sous lequel elle forme les mers, les
rivières et les fleuves.

3° L'*état solide*, qu'on rencontre dans la neige et la
glace : c'est à la température marquée 0° au thermomètre
centigrade que l'eau se congèle, c'est-à-dire passe de l'état
liquide à l'état solide.

Action de la mer. — Laissant de côté les transformations de la surface terrestre qu'on peut attribuer à l'action de la vapeur d'eau, considérons l'eau à l'état liquide
et réunie en masses énormes dans les mers et les océans.

L'action des eaux de la mer est double, comme celle de
l'air : sur certains points elles contribuent à détruire la
partie solide du globe (*érosion*); sur d'autres elles accumulent les matériaux résultant de cette destruction et contribuent à l'accroissement du sol (*sédimentation*).

Érosion. — L'érosion marine peut être facilement
observée sur bien des points de nos côtes. Les vagues puissantes que le vent pousse chaque jour contre le rivage
sapent sans relâche les roches qu'elles rencontrent ; si elles
sont aidées dans leur action destructive par de fortes
marées et des courants violents, elles détachent, de temps
à autre, quelque fragment de ces roches et renouvellent la
tranche de l'escarpement ou *falaise* qui domine les flots.
Lorsque la côte attaquée est *homogène*, c'est-à-dire formée

dans toutes ses parties par la même roche, et que cette roche, peu résistante, livre, par ses fissures naturelles, un passage facile à l'ennemi, — comme il arrive pour la craie blanche des côtes du pays de Caux —, la falaise recule assez rapidement et d'une manière à peu près uniforme : on a calculé par exemple qu'au cap de la Hève le recul moyen est de $0^m,25$ à $0^m,30$ par an. Au contraire, quand la roche est résistante, le recul est fort lent ; si de plus la côte est *hétérogène*, c'est-à-dire formée d'éléments divers en ses différents points, elle est plus vite rongée sur les points de moindre résistance que partout ailleurs ; ainsi s'explique la formation des mille sinuosités qui frangent les côtes de Bretagne. Certaines îles, continuellement rongées par la mer, sont appelées à disparaître dans un avenir plus ou moins éloigné : de ce nombre est l'île d'Helgoland, dans la mer du Nord.

Sédimentation mécanique. — Que deviennent les matériaux ainsi arrachés par la mer? Entraînés par les vagues, brisés et réduits en fragments plus petits, ils forment, en se déposant au fond de l'eau, de nouveaux sédiments.

La nature de ces sédiments varie évidemment suivant la nature de la roche attaquée. Une roche siliceuse fournit des fragments de quartz qui, brisés et roulés par les eaux, forment un *sable* ; si les particules quartzeuses sont ensuite agglutinées par un ciment, ce sable peut devenir un *grès*. Les gros blocs de silex enlevés aux falaises crayeuses de la Manche, qui en contiennent des bancs régulièrement disposés, sont brisés par les flots ; leurs fragments, roulés et arrondis, deviennent ces *galets* que chacun a pu remarquer au pied même de la falaise. Quand des galets, entraînés par les courants, se déposent ensuite au sein d'une masse pâteuse, qui se solidifie plus tard, ils constituent un *poudingue*[1] : on donne ce nom à une roche qui contient de

----

1. Déformation du mot anglais *pudding*, qui désigne un gâteau dont les grains de raisin sec, enfermés dans une pâte, figurent les blocs arrondis du poudingue.

gros blocs arrondis disséminés au milieu d'un ciment homogène. Une falaise argileuse fournit des *vases* qui, en se tassant et se consolidant, reconstituent de nouvelles roches argileuses... On pourrait multiplier les exemples à l'infini; nous n'en retiendrons que cet énoncé général : à un moment donné, il peut se former en des points rapprochés d'une même côte, à plus forte raison en des points éloignés, des dépôts de natures très différentes; en moins de mots, des *dépôts synchroniques*[1] peuvent avoir des *facies*[2] très différents.

Le lieu où se dépose un sédiment marin peut être plus ou moins éloigné du rivage auquel ont été empruntés les éléments qui le forment. Ainsi une partie des galets arrachés aux falaises du pays de Caux sont déposés au pied même de ces falaises; une autre partie est entraînée par les courants et va former sur les côtes basses du Vimeu, entre le bourg d'Ault et l'embouchure de la Somme, sur une longueur de 18 kilomètres environ, un *cordon littoral* qui protège les terrains d'alluvion récente contre les incursions de la mer. Ce sont de semblables *levées de galets* ou de sables qui, sur les côtes basses de la Baltique, ont peu à peu isolé de la mer ces grandes lagunes (*Kurisches Haff*, *Frisches Haff*), qu'une sédimentation plus récente tend à combler peu à peu et à conquérir pour l'agriculture. Parfois les éléments arrachés au rivage sont portés vers la pleine mer, où ils tombent lentement jusque dans les parties profondes, dont le sol s'exhausse ainsi progressivement. Il faut remarquer toutefois que la distance qui sépare ces sédiments du rivage ne dépasse jamais 300 kilomètres environ; les dépôts sous-marins forment ainsi de larges lisières autour des continents, mais n'occupent jamais les dépressions centrales des océans.

Sédimentation chimique. — C'est par suite de transports que s'accumulent les sédiments dont nous

---

1. C'est-à-dire formés à la même époque; du grec : σύν, lisez *sun*, avec; — χρόνος, lisez *khronos*. temps.
2. C'est le mot latin *facies*, face.

venons de parler; on peut dire qu'ils ont une *origine mécanique*. Quand l'eau de la mer est étalée en couches d'une faible épaisseur, elle laisse déposer par simple évaporation le sel marin qu'elle contient. Ce nouveau mode de sédimentation est purement *chimique*.

C'est le phénomène qu'on peut observer dans les *marais salants*, entretenus par la main de l'homme soit sur les côtes françaises de l'Atlantique (autour de Guérande, dans la Loire-Inférieure; de Marans, dans la Charente-Inférieure), soit sur les côtes du golfe du Lion (salines de la Méditerranée).

Dans les mers intérieures peu profondes et qui tendent à se dessécher complètement, ce phénomène peut se produire naturellement et sur une vaste échelle. Ainsi le golfe de Kara-Boghaz, sur la côte orientale de la mer Caspienne, est le siège d'une évaporation intense dont la conséquence est le dépôt d'une épaisse couche de sel qui, tôt ou tard, l'aura entièrement comblé.

Autre exemple : l'eau des mers chaudes est parfois exceptionnellement riche en carbonate de chaux; sous l'influence de la chaleur solaire, elle peut s'évaporer rapidement au voisinage des côtes et déposer une grande partie de son carbonate. Ainsi se forment des dépôts calcaires d'aspects variés. Quand, par exemple, le carbonate se dépose autour de petits débris de coquilles ou de roches, il enveloppe chacun de ces noyaux d'une série de couches concentriques; on peut les comparer aux couches successives de sucre dont les confiseurs enveloppent l'amande d'une dragée. Chaque fois que la dépression où se forme le dépôt vient à se dessécher, le dépôt de calcaire s'arrête; aussitôt qu'une submersion nouvelle se produit, une couche nouvelle se dépose. Les globules calcaires formés de la sorte sont ensuite agglutinés par un ciment calcaire qui se solidifie, et ainsi se constitue une roche dont la structure est celle du *calcaire oolithique* (voir page 21).

Les roches stratifiées sont des dépôts de sédiment. — Quand on observe de près les sédiments

marins, on ne peut manquer d'être frappé par leur disposition régulière en couches parallèles qui vont s'empilant
successivement les unes au-dessus des autres. On y
remarque fréquemment aussi des coquilles ou d'autres
débris d'origine animale ou végétale emprisonnés au
moment de la sédimentation. Si nous nous reportons à ce
que nous avons appris des roches stratifiées, ce sont là
deux ressemblances essentielles avec ces dernières. Bien
plus : il y a des roches stratifiées absolument identiques
à certains sédiments qui se forment sous nos yeux. Nous
sommes donc portés naturellement à penser que les roches
stratifiées ont une origine semblable à celle des sédiments
marins; elles sont vraisemblablement le résultat de sédi-
mentations anciennes au sein de l'eau. De là le nom de
roches aqueuses, ou encore celui de *roches neptuniennes*[1],
ou enfin celui de *roches sédimentaires* qu'on leur donne fréquemment. C'est ce dernier que nous adopterons désormais, parce qu'il est le plus instructif, celui qui nous
éclaire le mieux sur leur origine.

RÉSUMÉ

Les *phénomènes actuels* qui modifient l'aspect extérieur de la
terre sont *d'origine externe* ou *d'origine interne*.

Les phénomènes d'origine externe sont dus à trois agents
principaux : l'*air*, l'*eau*, les *êtres vivants*.

L'*action de l'air* est double : *érosion* et *sédimentation* (par ex.
formation des *dunes*).

L'eau se rencontre dans la nature sous trois états : *gazeux*,
liquide et *solide*.

Les *eaux de la mer* produisent sur les côtes des effets d'*érosion*
(recul des falaises de la Manche, etc.) et de *sédimentation* (dépôt
de sables, grès, poudingues, vases, etc.). Les dépôts sous-marins
sont de nature variable avec celle de la roche attaquée; ils forment
autour des continents une sorte de lisière dont la largeur maxima
est de 300 kilomètres. La plupart de ces dépôts sont mécaniques;
ils sont dus à l'action des courants. D'autres (dépôts de sel marin
dans les salines, de carbonate de chaux dans les mers chaudes, etc.)
sont dus à une simple évaporation des eaux de la mer.

1. Du nom de Neptune, dieu de la mer dans la mythologie grecque.

Les sédiments marins, par leur disposition en couches parallèles et par les débris organiques qu'ils peuvent renfermer, ressemblent aux roches stratifiées, qui ont dû se former comme eux, d'où leur nom de *roches sédimentaires*.

QUATRIÈME LEÇON

Action des eaux continentales.

Eaux continentales. — L'eau qui tombe à la surface du sol sous forme de *pluie* s'y divise en trois parts : l'une s'évapore immédiatement et retourne par suite à l'atmosphère (*eau d'évaporation*) ; — une seconde part s'écoule à la surface du sol sans y pénétrer, soit parce qu'il est imperméable, soit parce que sa pente est trop forte ; elle y forme des ruisseaux (*eau de ruissellement*) ; — la dernière part s'enfonce à l'intérieur du sol perméable et peu incliné (*eau d'infiltration*).

Ruissellement. — Les eaux de ruissellement, dans leur cours plus ou moins rapide, entraînent les éléments peu résistants qu'elles rencontrent et creusent des ravins à

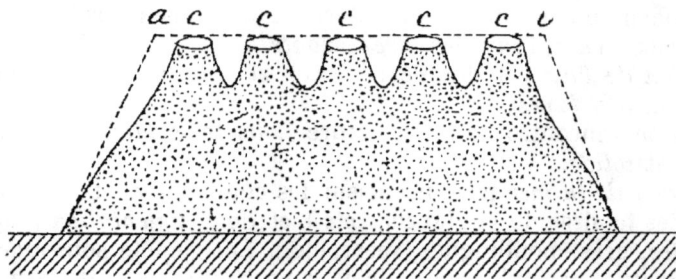

Fig. 20. — Tas de sable raviné.

la surface du sol. On peut se rendre compte des phénomènes d'érosion ainsi produits en examinant ce qui se passe en été, pendant une pluie d'orage, à la surface d'un tas de sable (*fig*. 20) : partout où les particules de sable sont à découvert, elles cèdent à l'action de l'eau de ruissellement, et la surface (*ab*) se ravine ; là où le sable est couvert par des cailloux plus volumineux (*c*), il résiste et forme de petites pyramides qui servent de supports aux

Fig. 21. — Pyramides de terre.

blocs protecteurs. Ainsi se trouvent reproduits en miniature, et dans l'espace de quelques minutes, des *blocs perchés* semblables à ceux qu'on observe près de Botzen, dans le Tyrol, ou près de Saint-Gervais, dans la Haute-Savoie (*fig.* 21). Si les blocs perchés viennent à être entraînés par leur poids, leurs supports persistent et constituent autant de *pyramides de terre*, dont l'origine peut au premier abord sembler inexplicable.

Torrents. — Les principaux agents de ruissellement sont les *torrents*. Dans les régions montagneuses (*fig.* 22),

les accidents du sol peuvent former des sortes de cirques
naturels dans lesquels s'accumule rapidement toute la pluie
d'un orage : si un pareil cirque ou *bassin de réception* (R)
présente une échancrure latérale, l'eau s'échappe par cette
voie et coule rapidement sur les pentes de la montagne où
elle se creuse un lit plus ou moins sinueux (*canal d'écou-*

Fig. 22. — Vue d'ensemble d'un torrent.

lement, E) ; quand elle atteint la plaine, elle y perd toute
sa vitesse et se répand sur le sol. Dans ses parties supérieures (bassin de réception et canal d'écoulement) le torrent
attaque les roches encaissantes (érosion) ; il détache des
fragments qu'il brise, roule, arrondit et emporte vers la
plaine ; à son extrémité inférieure il abandonne tous les

matériaux entraînés, qui s'amoncellent en un *cône de déjec-tion* (D) (sédimentation). Comme ces matériaux se déposent en vertu de leur poids, il est facile de comprendre que les plus lourds s'arrêtent les premiers, et que les plus légers sont emportés le plus loin; en résumé, les éléments du

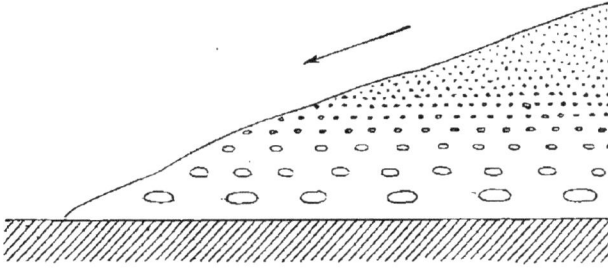

Fig. 23. — Coupe du cône de déjection d'un torrent.

cône de déjection sont arrondis et régulièrement stratifiés (*fig.* 23). Un caractère essentiel du torrent est d'être un cours d'eau *temporaire* : il coule aussi longtemps qu'il est alimenté par les pluies d'orage, et tarit quand l'ali-ment vient à manquer.

Les dangers que le ruissellement et les torrents font courir aux populations des montagnes ont été singu-lièrement accrus dans certaines régions par la pratique funeste du *déboisement*. Les forêts qui couvraient une grande partie de nos départements des Hautes-Alpes et des Basses-Alpes ont disparu peu à peu sous la hache du bûcheron; leur disparition a coïncidé avec une recru-descence des torrents et de tous les accidents qu'ils pro-duisent. En effet, la végétation arborescente des sommets oppose un obstacle sérieux au ruissellement : elle fixe la terre végétale que les eaux torrentielles pourraient en-traîner; retenant en même temps l'eau qui, sans elle, serait vouée au ruissellement, elle en rend une partie à l'atmosphère sous forme de vapeur [1] et le reste au sol sous forme de sources; double façon d'entretenir une

1. Par le phénomène physiologique de la *transpiration* (voir le cours de Botanique).

salutaire fraîcheur. C'est ce qu'ont appris à leurs dépens nos montagnards, trop pressés d'abattre et de vendre leurs forêts; pour rendre à leurs terres arides et desséchées un peu de la prospérité qu'elles ont perdue et diminuer les désastres causés par les torrents, il a fallu entreprendre des opérations de *reboisement* qui demanderont encore de longues années.

Infiltration. — **Effets physiques.** — Les eaux d'infiltration, en pénétrant dans les roches perméables, peuvent y produire des phénomènes d'ordre purement physique. Ainsi, quand l'eau de la pluie qui a pénétré dans les pores d'une pierre pendant le jour vient à se solidifier pendant la nuit par l'effet du refroidissement, chaque gouttelette d'eau qui se transforme en glace éprouve une dilatation[1]; l'effet de toutes ces dilatations est de faire éclater la surface de la pierre qui, en se desséchant, se réduit en poussière. Une pierre sujette à ce phénomène est évidemment très impropre aux constructions; elle est dite *gélive*.

Effets chimiques. — C'est aussi comme agent chimique que l'eau d'infiltration peut intervenir dans la modification des roches qu'elle attaque. Ainsi, certaines roches, comme le gypse, se dissolvent lentement dans l'eau, même pure et privée de gaz (comme est, par exemple, l'eau distillée), et à plus forte raison dans l'eau de pluie; c'est pour cela que les éboulements sont fréquents dans les carrières de pierre à plâtre.

L'eau chargée d'acide carbonique (par exemple l'eau de pluie) attaque le carbonate de chaux des pierres calcaires, insoluble dans l'eau privée de gaz : l'acide carbonique de l'eau se combine au carbonate de chaux de la pierre et le transforme en bicarbonate de chaux soluble, qui est entraîné dans le sol par l'eau d'infiltration. Quand cette eau, chargée de bicarbonate de chaux, revient au contact de

---

1. On sait en effet que l'eau, en se congelant, augmente de volume : ainsi, une bouteille pleine d'eau et hermétiquement fermée, que l'on plonge dans la glace fondante, se brise quand son contenu se solidifie.

l'air, elle perd une partie de son acide carbonique, et le
bicarbonate de chaux revient à l'état de carbonate simple
qui, insoluble dans l'eau, se dépose en petits cristaux ;

Fig. 24. — Stalactites et stalagmites.

c'est ce qui explique : l'existence de *sources incrustantes*,
recouvrant d'un enduit calcaire tout objet qu'on y plonge ;
— la formation des *stalactites* et des *stalagmites* à la voûte
et sur le sol des grottes où suinte une eau chargée de bicarbonate de chaux (*fig.* 24), etc. Ainsi, les eaux d'infiltration

réparent, grâce à la sédimentation, ce qu'elles ont détruit
par l'érosion.

L'eau chargée d'acide carbonique, en pénétrant dans un
sable ou une roche calcaire riche en éléments ferrugineux,
peut aussi oxyder ces éléments et les transformer en rouille,
ce qui communique au sable une teinte rougeâtre (phénomène de la *rubéfaction*[1]).

Les roches les plus dures, comme le granit, finissent par
céder à l'action chimique de l'eau chargée d'acide carbonique : celui-ci attaque le feldspath de la roche et s'empare de la potasse avec laquelle il forme du carbonate de
potasse, soluble dans l'eau et entraîné par elle; le silicate
d'alumine, resté seul, se présente sous l'aspect d'une terre
d'un blanc éclatant, qui n'est autre chose que du *kaolin*; les
particules de quartz, mises en
liberté par la désagrégation du
feldspath, constituent un sable dit
arène granitique. Quant au mica,
ses paillettes se désagrègent; elles
peuvent contribuer aussi à la pro-
duction du kaolin. Cette formation
de kaolin aux dépens de roches
feldspathiques a reçu le nom de
kaolinisation.

**Nappes d'eau souter-
raines.** — Les eaux d'infiltration, chargées de tous les éléments
qu'elles ont dissous, chemin faisant, s'enfoncent à l'intérieur du
sol tant qu'elles rencontrent des
roches perméables; dès qu'elles
atteignent une couche imperméable, une couche d'argile par
exemple, elles sont arrêtées par
elle et forment une *nappe* d'eau

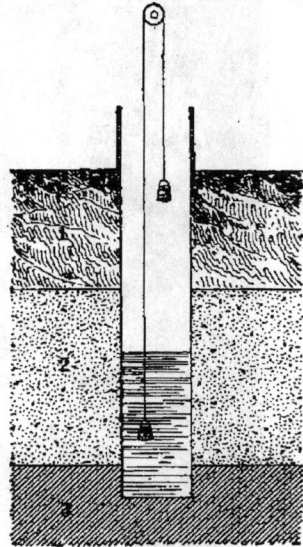

Fig. 25. — Puits ordinaire.

1. Limon. — 2. Sable perméable. — 3. Argile, couche imperméable.

souterraine. Quand une telle nappe vient affleurer sur une

1. Du latin : *rubefacere*, rendre rouge.

pente, ce qu'on peut reconnaître de loin par le rideau d'arbres qui se développe le long de la ligne d'affleurement, elle donne naissance à des *sources*. C'est pour atteindre une nappe d'eau souterraine qu'on creuse un *puits* ordinaire, dans lequel l'eau doit être artificiellement élevée jusqu'au niveau du sol (*fig.* 25). Si une nappe souterraine est enfermée entre deux couches imperméables emboîtées l'une dans l'autre et relevées sur leurs bords en forme de cuvettes, de manière à atteindre la surface libre du sol, elle se prête au forage des *puits artésiens*; au moment où la sonde atteint la nappe souterraine à sa partie la plus basse, l'eau se précipite dans le passage qui lui est offert et cherche à y atteindre le même niveau que sur les bords de la cuvette[1]; si ces derniers sont à une altitude supérieure à celle où le sondage a été effectué, la colonne liquide, à la façon d'un jet d'eau, s'élance dans l'air où on peut la recueillir (*fig.* 26). Au-dessous de Paris, à une profondeur supérieure à 500 mètres, s'étend une nappe d'eau souterraine, occupant des sables verts compris entre deux couches argileuses; elle se relève insensiblement sur ses

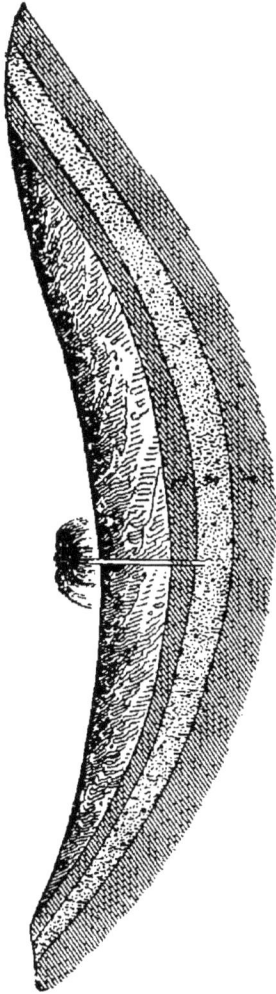

Fig. 26. — Coupe théorique d'un puits artésien. — 1 et 1'. Couches imperméables. — 2. Couche perméable.

1. C'est une application très simple du principe de physique dit *des vases communiquants*; dans deux vases communiquants qui renferment un même liquide en équilibre, les surfaces libres sont dans un même plan horizontal.

bords de manière à atteindre en Champagne la surface du sol, à une altitude voisine de 200 mètres, ce qui donne une différence de niveau d'environ 700 mètres : c'est la nappe qui alimente les puits artésiens de Grenelle (548 mètres) et de Passy (586 mètres).

Eboulements; glissements. — En circulant à l'intérieur du sol, les eaux d'infiltration produisent des effets d'érosion souvent considérables. Elles creusent des grottes, dont les voûtes peuvent, à un moment donné, céder au poids qu'elles supportent, entraînant des éboulements qui modifient sensiblement l'aspect du sol. A la suite de pluies torrentielles, elles peuvent détremper une couche argileuse servant de base à une montagne; si cette couche est fortement inclinée, la masse supérieure peut glisser, emportant avec elle tout ce qu'elle rencontre; ainsi se produisit en 1806 l'éboulement du Rossberg, qui coûta la vie à un millier de personnes et dont les traces s'aperçoivent encore sur les flancs de la vallée de Goldau, à l'est du Rigi.

Action des cours d'eau. — Les cours d'eau (rivières ou fleuves) qui sillonnent la surface des continents réunissent les produits des torrents et des sources ou, d'une manière plus générale, du ruissellement et de l'infiltration.

Un cours d'eau est un instrument *permanent* d'érosion et de sédimentation : ici son courant rapide et violent arrache à ses rives des matériaux dont les débris roulés sont bientôt transformés en graviers, en sables, en limons; là ses eaux plus calmes déposent ce qu'elles ont charrié, sous forme d'alluvions qui exhaussent son lit.

Pour empêcher un cours d'eau d'envahir, au moment de ses crues, les terrains environnants, on l'enferme parfois dans des digues. Cette opération offre des dangers : ce que le fleuve ne peut plus rejeter dans les plaines voisines, il le dépose dans son propre lit, dont le fond s'exhausse sans cesse. Il devient alors nécessaire de relever les digues; mais l'élévation croissante du niveau de l'eau au-dessus de la plaine augmente le danger qui pourrait résulter d'une rupture de ces digues.

Quand on cherche à reconstituer l'histoire de la formation d'un fleuve, de la Seine par exemple, on reconnaît qu'il a passé par une série de transformations qu'on peut grouper en trois périodes principales : 1° la période du *creusement de la vallée*; — 2° la période de *divagation*; — 3° la période de *régime*.

Dans la première période le fleuve, coulant à pleins bords et entraînant tout ce qui opposait à sa marche une résistance insuffisante, s'est creusé dans les roches stratifiées une vallée beaucoup plus large que son lit actuel (par exemple 6 kilomètres au lieu de 160 mètres, pour la Seine); l'origine de cette *vallée d'érosion* est en quelque sorte écrite sur les pentes des collines qui ont résisté aux

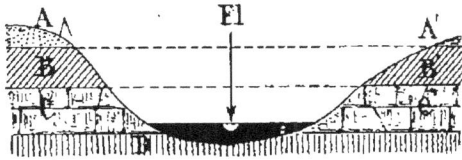

Fig. 27. — Coupe transversale d'une vallée d'érosion :
Les couches stratifiées (AA',BB',CC',D) sont les mêmes sur les deux flancs de la vallée ; Fl, fleuve coulant au milieu de ses alluvions.

actions destructives, et dont la constitution géologique est la même d'une rive à l'autre du fleuve actuel (*fig.* 27).

Dans la période de divagation, le fleuve, déjà très réduit, cherchait un lit dans le fond de la vallée qu'il s'était creusée; modifiant continuellement son cours, il *divaguait* et décrivait de nombreuses sinuosités (*fig.* 28). Il est évident que l'effort principal de l'érosion se portait alors sur les rives concaves (A, A', A''), que le courant du fleuve attaquait à peu près de front, tandis que les sédiments ou alluvions se déposaient surtout sur les rives convexes (B, B', B''), que le courant rasait plutôt qu'il ne cherchait à les entamer. On peut observer, en suivant les sinuosités de la Seine au sortir de Paris, que chaque coude du fleuve est marqué par un escarpement sur la rive concave et par une pente inclinée sur la rive convexe.

C'est à peu près de la même façon que se comporte le

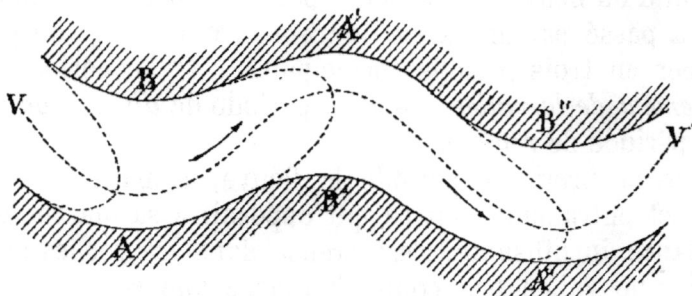

Fig. 28. — Effets d'un cours d'eau (figure théorique).
VV', ligne suivant laquelle la vitesse de l'eau est maxima.

fleuve dans la période de régime : il occupe alors un lit à peu près fixe (*lit mineur*), qu'il ne quitte qu'au moment des *crues* pour se répandre dans les plaines voisines et remplir son *lit majeur*; c'est surtout au moment des crues, et dans les limites de ce lit majeur, qu'il dépose ses alluvions avant d'atteindre la mer. Ces alluvions fertilisent ordinairement le sol qu'elles recouvrent, réalisant une opération naturelle d'agriculture qu'on appelle le *colmatage*.

A son embouchure un fleuve s'élargit et s'ouvre dans la mer par un *estuaire* (*fig.* 29). A l'entrée de l'estuaire, là où le courant du fleuve et les courants marins se font équilibre, les matériaux que charrie encore le fleuve tombent en vertu de leur poids et forment une *barre* transversale qui exhausse peu à peu le fond et se rapproche du niveau de la mer. Deux cas peuvent alors se présenter. La mer est largement ouverte et, par suite, sujette à de fortes marées; alors la barre

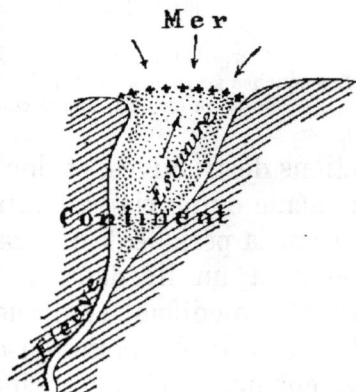

Fig. 29. — Comblement d'un estuaire.

est sans cesse déplacée, et les alluvions fluviatiles qui en-

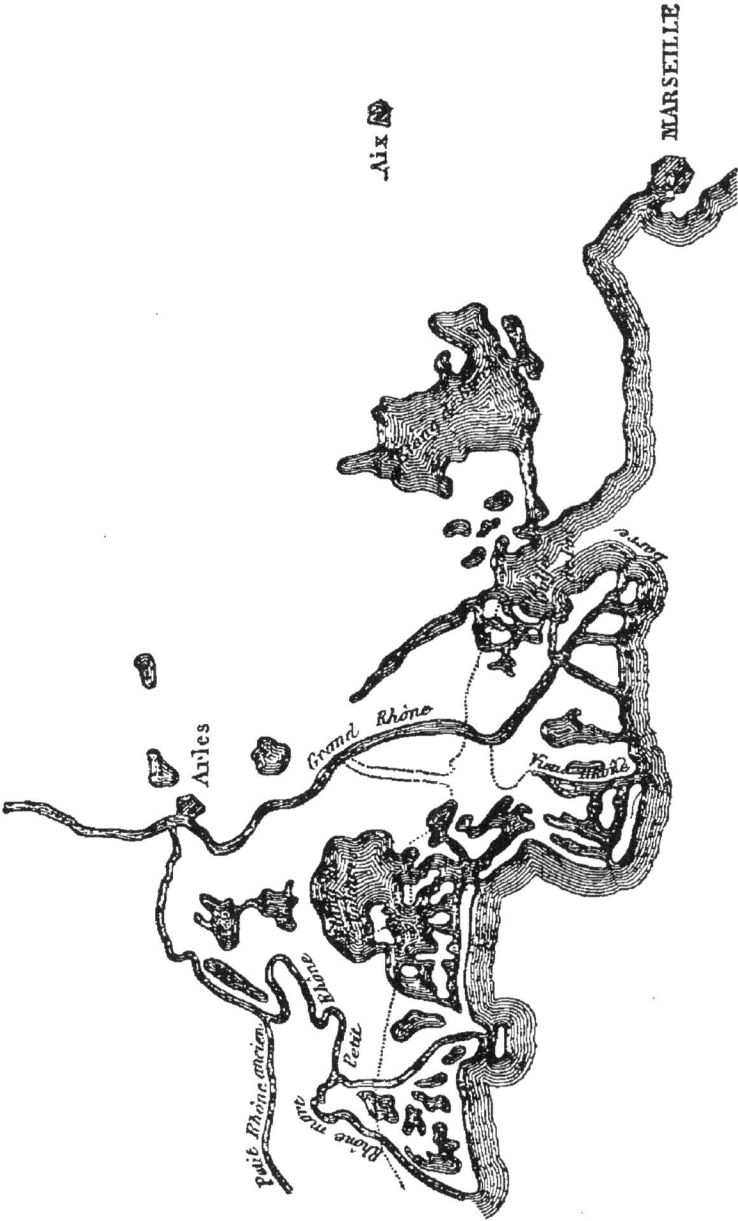

Fig. 30. — Delta du Rhône. ——— .... Littoral au iv° siècle.

combrent l'estuaire ne sont jamais fixées (bancs de sable,

vases, etc.). La mer est plus ou moins fermée (Méditerranée par exemple), et par conséquent soustraite plus ou moins complètement à l'action des marées ; alors la barre finit par atteindre le niveau de la mer et se fixer, isolant l'estuaire de la pleine mer ; à partir de ce moment, les alluvions fluviatiles s'accumulent dans l'estuaire et le comblent peu à peu ; ainsi se forme un *delta*, dont la forme triangulaire rappelle l'origine, et que le fleuve traverse en se divisant en deux ou plusieurs branches. Le *delta* est *incomplet* quand il ne dépasse pas les limites primitives de l'estuaire ; tel est le delta du Nil qui, depuis la période historique, ne subit plus d'accroissement, soit parce que les alluvions que portent à la mer les bras du fleuve sont balayées par des courants parallèles à la côte, soit plutôt parce que les crues périodiques du fleuve le débarrassent, avant qu'il n'atteigne la mer, de tout le limon qu'il charrie. Le delta est au contraire *complet* quand le fleuve, après avoir comblé son estuaire, continue à verser dans la mer de nouvelles alluvions qui s'étendent au-devant du delta fluviatile et en accroissent sans cesse le domaine ; tels sont les deltas du Rhône (*fig.* 30) et du Pô ; tel est surtout celui du Mississipi, qui s'épanouit dans le golfe du Mexique en une sorte d'arbre marécageux, continuellement déplacé par les flots.

RÉSUMÉ

L'eau de *pluie* qui tombe à la surface du sol se divise en eau d'*évaporation*, eau de *ruissellement*, eau d'*infiltration*.

L'eau de ruissellement ravine la surface du sol (*érosion*) ; elle est particulièrement active dans les *torrents*, cours d'eau temporaires qui déposent dans leur *cône de déjection* les matériaux d'alluvion arrachés dans le *bassin de réception* ou le *canal d'écoulement*. Le *déboisement* des montagnes favorise le ruissellement ; le *reboisement* lui crée des obstacles.

L'eau d'infiltration peut produire dans l'écorce terrestre des *effets* purement *physiques* (éclatement des *pierres gélives*) ou des *effets chimiques* : dissolution du gypse par l'eau pure, du carbonate de chaux par l'eau chargée d'acide carbonique (*sources incrustantes, stalactites, stalagmites*), *rubéfaction, kaolinisation*.

Arrêtée par des roches imperméables, l'eau d'infiltration forme des *nappes souterraines*, qui donnent lieu à des *sources*, des *puits* ordinaires, des *puits artésiens*, et peuvent produire des phénomènes d'*éboulement* ou de *glissement*.

Les cours d'eau, qui réunissent les eaux de ruissellement et les eaux d'infiltration, sont des instruments permanents d'érosion et de sédimentation (3 périodes : *creusement de la vallée, divagation, régime*).

A son embouchure un fleuve forme un *estuaire*, dont le comblement par les alluvions peut donner lieu à un *delta* (incomplet ou complet).

CINQUIÈME LEÇON

Les glaciers. — Circulation de l'eau dans la nature.

Neiges persistantes. — Dans nos climats, la neige qui tombe sur les plaines fond tout entière sous l'action de la chaleur solaire et se transforme plus ou moins rapidement en eau. Sur les hautes montagnes il n'en va pas de même : à partir d'une certaine altitude, la température reste constamment trop basse pour que toute la neige fonde même dans la saison chaude, et les sommets en sont couverts pendant toute l'année. La limite inférieure de ces *neiges persistantes*, qu'on appelle parfois et assez improprement *neiges éternelles*, se distingue très nettement lorsqu'on observe à grande distance les pentes d'une chaîne de montagnes. Il est évident que le niveau de cette limite est très variable suivant les points que l'on considère. Ainsi sous les tropiques, où la température moyenne de l'année est très haute, elle s'élève jusqu'à 5 000 mètres d'altitude ; dans le Caucase, elle oscille entre 3 500 et 4 300 mètres ; en Suisse, elle est en moyenne à 2 800 mètres ; enfin dans les régions polaires elle s'abaisse progressivement jusqu'au niveau de la mer. Dans une même région, les versants différents d'une chaîne de montagnes ne se comportent pas

de même : la limite des neiges persistantes s'élève plus
haut sur les pentes exposées à un vent chaud que sur celles
qui reçoivent constamment des courants d'air froid.

Avalanches. — Une partie de la neige persistante
descend vers les régions inférieures sous forme d'*avalanches*, chaque fois que, par suite de la fusion de ses parties
profondes, une masse, d'abord surplombante, est brusquement entraînée par son propre poids. On sait quels ravages
peuvent exercer les avalanches quand elles s'abattent à
l'improviste sur les lieux habités : mais de tels accidents
se produisent rarement, parce que les pentes favorables
aux avalanches et les chemins qu'elles suivent habituelle-
ment dans leur chute sont connus et évités des montagnards.

Formation de la glace. — Lorsque la neige (*fig.* 31)

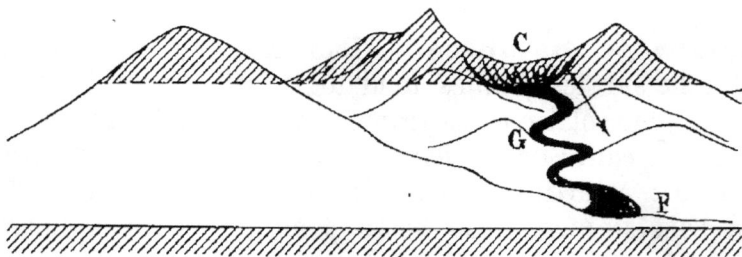

Fig. 31. — Disposition générale d'un glacier : C, champ de neige ;
G, glacier ; F, front du glacier.

rencontre quelque cirque aux pentes doucement inclinées,
comparable au bassin de réception d'un torrent, elle s'y
accumule et s'y tasse, formant ce qu'on appelle un *champ
de neige* (C). Chaque jour, sous l'influence des rayons du
soleil, les flocons les plus voisins de la surface fondent, et
leur eau de fusion s'écoule vers l'intérieur ; soustraite alors,
surtout pendant la nuit, à l'action de la chaleur, cette eau
se congèle de nouveau et soude les unes aux autres les
particules qui avaient échappé à la première fusion : ainsi
se forme une sorte de poussière appelée *névé* ou *firn*, dont
les grains arrondis ont expulsé une partie de l'air que con-
tenait la neige. Les neiges nouvelles qui descendent des

pentes supérieures du cirque tassent sans cesse les névés plus anciens : ceux-ci, continuant leur évolution sous l'influence de la même cause, agglutinent progressivement leurs particules et se transforment en *glace bulleuse*, rendue opaque par les bulles d'air qu'elle renferme encore. Peu à peu, cette glace achève son élaboration lente : elle se débarrasse de ses bulles d'air et devient limpide, d'un beau bleu quand on l'examine par transparence. C'est l'aspect qu'elle présente à la partie inférieure du bassin de réception.

Cette glace a, comme on le voit, une tout autre origine que celle des lacs et des rivières, due à la solidification directe de l'eau, qui ne se transforme pas d'abord en neige.

Glacier. — Le bassin de réception s'ouvre, comme celui d'un torrent, dans une sorte de couloir : c'est une vallée aux flancs plus ou moins escarpés, large parfois de 1 à 2 kilomètres, dans laquelle s'engage la glace ; elle y forme une sorte de fleuve gelé, appelé *glacier* (G), qui s'allonge sur les pentes de la montagne et descend bien au-dessous de la limite des neiges persistantes ; son extrémité inférieure est dite *front du glacier* (F).

Mouvements du glacier. — Les montagnards avaient depuis longtemps reconnu que les glaciers sont animés d'un mouvement lent de descente suivant la pente de leur lit. L'attention des savants fut attirée sur ce curieux phénomène, vers la fin du siècle dernier, par quelques observations fortuites, et on imagina, pour mesurer la vitesse du déplacement des glaciers, une expérience fort simple qui a été depuis lors maintes fois répétée. Après avoir marqué deux points de repère fixes A et B sur les parois du lit d'un glacier, on dispose à sa surface, sur la ligne droite qui les joint, une série de piquets M, N, P, Q, R (*fig.* 32). Au bout de quelques mois, les piquets ont perdu leur alignement ; tous ont descendu vers la plaine, mais de quantités inégales : le piquet P, situé à égale distance des deux rives, est celui qui s'est le plus déplacé ; les piquets plus voisins des rives, N et Q, M et R, sont

venus en N' et Q', M' et R', d'autant plus près de leur première position que celle-ci était plus rapprochée du bord;
bref, la ligne droite MNPQR, qui unissait les piquets au
début de l'expérience, est maintenant transformée en une

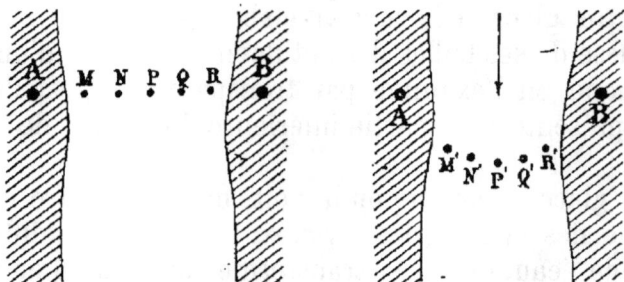

Fig. 32. — Mouvements du glacier (figure théorique).

courbe M'N'P'Q'R' qui tourne sa convexité vers le front du
glacier. Cette expérience prouve à la fois que le glacier se
déplace et qu'il se déplace plus rapidement au milieu que
sur ses bords; c'est aussi ce qu'on observe pour le déplacement de l'eau des rivières et des fleuves, ralenti par le
voisinage des rives. De même la glace se déplace plus
rapidement à la surface du glacier que dans sa profondeur,
où elle semble ralentie par le voisinage de la roche encaissante, comme l'eau d'une rivière par le contact du fond.
Le mouvement de la glace dans les glaciers suit donc à
peu près les mêmes lois que celui des eaux courantes; il
y a toutefois sur ce point deux différences à signaler : le
mouvement de la glace est beaucoup plus lent que celui de
l'eau; de plus, sa vitesse varie avec la température extérieure, s'accélérant quand celle-ci s'élève, se ralentissant
quand elle s'abaisse. On se fera une idée plus nette de la
vitesse de déplacement des glaciers quand on saura que la
Mer de glace, à Chamonix, avance à peu près de 100 mètres
par an, ce qui correspond à une vitesse moyenne d'environ $0^m,30$ par jour. Une échelle abandonnée en 1788
par H.-B. de Saussure[1] à l'Aiguille noire, dans le massif

1. Physicien et naturaliste genevois (1740-1799).

du mont Blanc, fut retrouvée cinquante-sept ans plus tard à une distance de 4 kilomètres et demi.

Leurs causes. — Comment s'expliquer le déplacement des glaciers? L'hypothèse d'un simple glissement est inadmissible, car elle ne rendrait pas compte des inégalités de vitesse aux différents points de la surface du glacier. Deux propriétés de l'eau peuvent contribuer à nous fournir une réponse : 1° la *plasticité* de la glace; 2° le *regel*.

Si on cherche à courber brutalement un morceau de glace, on le brise. Si au contraire on laisse agir lentement sur lui une force modérée, mais continue, on peut arriver à changer sa forme sans le rompre : la glace est donc *plastique*. L'expérience suivante le prouve : posons (*fig.* 33) sur deux billots de bois les extrémités d'un barreau de glace AGB, long et mince, mais parfaitement droit, et aban-

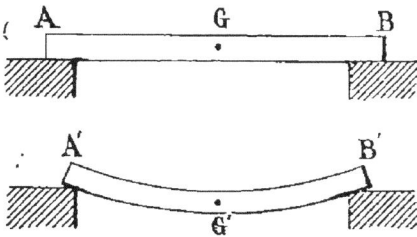

Fig. 33. — Plasticité de la glace.

donnons-le dans une chambre dont la température ne soit pas trop élevée; au bout de quelque temps (deux heures par exemple) le barreau aura pris une forme courbe, telle que AG'B, sous l'influence de la traction faible mais continue que la pesanteur exerce sur son centre de gravité G.

Le phénomène du *regel* est assez singulier et peut être mis en évidence par l'expérience suivante, qu'a imaginée Tyndall[1]. Dans un vase contenant de l'eau assez chaude pour qu'on ne puisse y tenir la main, on jette quelques morceaux de glace, et on agite l'eau : chaque fois que deux morceaux viennent en contact, ils se soudent ensemble. La facilité et la promptitude avec laquelle deux fragments de glace adhèrent l'un à l'autre permettent de donner à une masse de glace, pourvu qu'on la soumette à une pression

1. Physicien anglais.

suffisante, la forme que l'on veut. Si, par exemple, on la comprime (*fig.* 34) entre deux moules creusés en forme d'hé-misphères, elle se rompt d'abord en fragments plus petits, qui se soudent aussitôt les uns aux autres; si on augmente encore la pression, les fragments se résolvent en parties plus petites, qui s'unissent encore par regel; et ainsi de suite jusqu'à ce qu'on parvienne à former une boule de glace compacte et transparente. C'est ce qu'on réalise plus simplement quand on comprime longuement une boule de neige entre les mains : elle finit par se transformer en un petit bloc de glace. On peut encore (*fig.* 35)

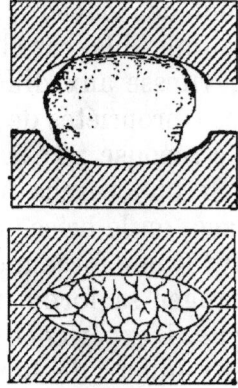

Fig. 34. — Regel.

entourer un morceau de glace qui repose sur deux billots de bois d'un fil de laiton. auquel est suspendu un poids; entraîné par le poids, le fil de lai-ton coupe le bloc de glace; mais les deux moitiés de celui-ci se res-soudent l'une à l'autre par regel aussitôt après le passage du fil métallique, qui paraît avoir tra-versé la glace sans l'entamer. — Le phénomène du regel peut expli-quer aussi la transformation des

Fig. 35. — Regel.

névés en glace à la source du glacier : ce sont alors les nouveaux névés sans cesse accumulés sur les pentes du champ de neige qui exercent la pression nécessaire au phé-nomène du regel.

Grâce à· sa plasticité, qui lui permet souvent de se déformer sans se rompre, et grâce au phénomène du regel qui ressoude les fragments des blocs rompus, le glacier se moule à peu près sur les parois de son lit, en suit tous les contours et *coule* vers la plaine.

Crevasses. — La plasticité de la glace, qui vient de

nous permettre d'expliquer ses mouvements, n'est pas illimitée. Quand la glace est trop fortement étirée dans une
direction, elle se brise perpendiculairement à cette direction, et se creuse d'une *crevasse*. La surface d'un glacier
(*fig*. 36) est ainsi découpée par une multitude de crevasses,

Fig. 36. — Vue générale d'un glacier.

dont la largeur et la profondeur peuvent être considérables.
Si, par exemple, la pente du glacier, d'abord faible, augmente
brusquement, il se forme une crevasse perpendiculaire au
cours de la glace, dite *crevasse transversale*. Comme la
glace, dans son mouvement, avance plus vite vers le milieu
du glacier que sur les bords, une ligne droite (*ab*) tracée à un

moment donné sur la surface du glacier ne tarde pas à devenir une ligne courbe ($a'b'$), par conséquent à s'allonger ; suivant la direction de cette courbe la glace éprouve une forte traction, qui a pour effet de déterminer sur les bords du glacier deux crevasses disposées en chevron et convergeant vers la source du glacier ; ainsi se forme la double série de *crevasses marginales* (M) qu'on observe de part et d'autre d'un glacier (*fig.* 37). Enfin au front du glacier, où toute la masse de glace semble s'épanouir, on observe des *crevasses,* dites *frontales* (F), dont la disposition rappelle celle des rayons d'un éventail.

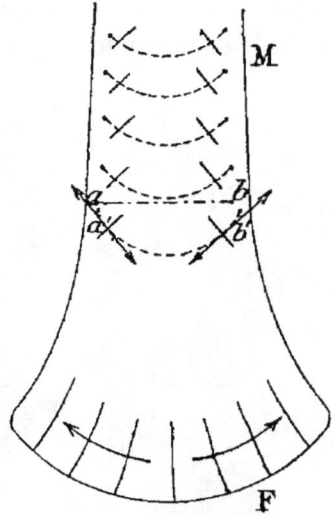

Fig. 37. — Crevasses marginales
et frontales.

Dimensions du glacier.

— Si on observe un glacier pendant un temps appréciable, quelques mois par exemple, on constate en général qu'il garde une longueur sensiblement constante. Comment accorder ce fait avec le déplacement incontestable de la glace vers la plaine ? C'est qu'à un moment donné le glacier éprouve à la fois des *gains* et des *pertes*, qui se compensent à peu près. Les *gains* proviennent surtout des nouveaux névés qui s'accumulent constamment dans le champ de neige supérieur, source du glacier, et qui refoulent devant eux les névés plus anciens ; ils proviennent aussi, pour une plus faible part, des chutes nouvelles de neige qui peuvent s'étendre à toute la longueur du glacier. Les *pertes* proviennent de la fusion de la glace sous l'influence de la chaleur : cette fusion se produit à la fois à la surface, sous l'action des rayons du soleil, — dans l'intérieur, sous l'action de l'eau de fusion superficielle qui s'infiltre de proche en proche, — dans les parties qui touchent les parois du lit du glacier,

sous l'action de la chaleur communiquée par les roches encaissantes. C'est cette dernière cause de fusion qui donne à
la surface du glacier une forme convexe (*fig.* 38) : les
parties les plus voisines des bords fondent plus rapidement
que celles qui en sont éloignées.

Toute l'eau qui résulte de la fusion de la glace s'écoule à

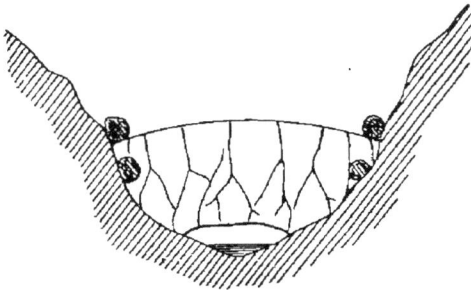

Fig. 38. — Coupe transversale d'un glacier.

travers les mille fissures du glacier, et vient se rassembler
au-dessous de lui, en un cours d'eau qui descend vers le
front; la masse du glacier forme donc une sorte de voûte
dont les deux bords s'appuient sur les parois encaissantes.
Le cours d'eau souterrain débouche au front du glacier, où
il paraît sortir d'une grotte profonde. C'est ainsi que bien
des rivières ou des fleuves, nés dans les régions montagneuses, prennent leurs sources dans des glaciers : la
source du Rhône est au front d'un vaste glacier, voisin du
col de la Furka, et dit « glacier du Rhône ».

Quand une succession d'années pluvieuses fournit au
glacier des gains considérables, que compensent imparfaitement les pertes, le glacier s'accroît, et, comme il est
encaissé entre ses deux rives, cet accroissement se traduit
par une descente du front vers la plaine. Quand, au contraire, une succession d'années sèches amène une diminution des gains, qui ne suffisent plus à réparer les pertes,
le glacier décroît, et le front remonte vers la source du
glacier.

Effets du glacier. — Nous savons maintenant ce

qu'est un glacier. Voyons quelles modifications il peut produire à la surface terrestre.

Les effets du glacier sont de deux sortes : *effets de transport* et *effets d'érosion*.

Quand, pour une cause ou pour une autre, un bloc rocheux se détache des sommets qui surplombent le bord d'un glacier, ce bloc tombe à la surface de la glace ; celle-ci, dans son mouvement de descente, l'entraîne avec elle. Ainsi se forment, sur les deux bords d'un glacier (*fig.* 39), deux traînées de blocs et de débris, appelées *moraines latérales* (L). Quand deux glaciers se rencontrent pour en former un seul, la moraine gauche de l'un vient, au confluent, se confondre avec la moraine droite de l'autre, et ainsi se constitue, dans le nouveau glacier, une *moraine médiane* (M) ; on sait que le nombre des moraines mé-

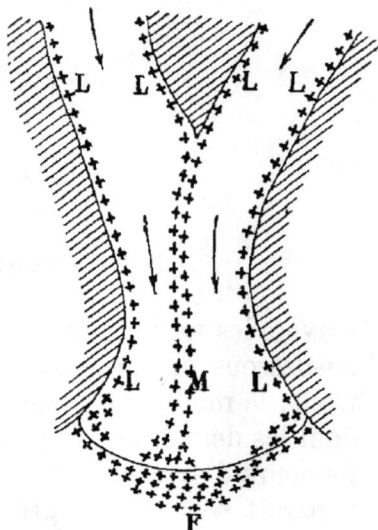

Fig. 39. — Moraines.

dianes que présente la surface d'un glacier permet de conclure le nombre des glaciers plus petits qui ont contribué à le former.

Au front du glacier, toutes les moraines, latérales ou médianes, sont abandonnées par la glace en fusion et s'entassent pour former une sorte de barre transversale qu'on appelle la *moraine frontale* (F). Comparant le glacier à un torrent, on donne aussi à cette moraine le nom de *cône de déjection*. Mais il faut remarquer que le cône de déjection d'un glacier diffère toujours de celui d'un torrent par la disposition de ses éléments : n'ayant été ni roulés, ni déposés par les eaux, les blocs de la moraine frontale sont anguleux et entassés pêle-mêle ; ceux d'un cône de déjection

4

torrentiel sont au contraire arrondis et rangés à peu près par ordre de grandeur décroissante.

Dans son mouvement de descente vers la plaine, la glace exerce une pression considérable sur les roches encaissantes. Si elle contient enclavées des pierres plus dures que ces dernières, ces pierres les frottent énergiquement et y produisent des rayures parallèles ou *stries*; si, au contraire, la roche encaissante est plus dure que les pierres enclavées, ce sont celles-ci qui portent des stries. Ainsi se forment des *roches striées*, dont la présence dans une région montagneuse est le signe certain du passage d'un glacier. Quand une roche a été successivement striée suivant plusieurs directions, elle finit par être parfaitement *polie*. Il faut d'ailleurs remarquer que cette modification des roches par le glacier peut être directe, c'est-à-dire se produire sans l'intermédiaire des pierres enclavées dans la glace; celle-ci possède une pression suffisante pour user et arrondir les roches sur lesquelles elle s'écoule.

Les débris ténus que l'érosion arrache aux roches encaissantes forment dans la profondeur du glacier une boue grisâtre, qui s'accumule dans la moraine frontale avec les blocs plus volumineux et qu'on appelle *boue glaciaire*.

Glaciers polaires. — Les glaciers sont, en somme, peu fréquents dans les zones tempérées; il faut, pour les rencontrer, s'élever assez haut sur les pentes des montagnes. Dans les régions voisines des pôles, on comprend aisément que les phénomènes glaciaires soient beaucoup plus développés. Des continents entiers, comme le Groenland, sont recouverts par de véritables *calottes glaciaires*[1], qui viennent baigner leurs bords dans l'Océan. Ces calottes glaciaires ne doivent pas être confondues avec les *banquises*, qui forment autour des continents polaires des lisières de glace : cette glace provient, comme celle des lacs et des rivières, de la congélation directe de l'eau; celle des calottes glaciaires est due, comme celle des glaciers, à une lente

1. C'est l'*Inlandsis* du Groenland.

transformation de la neige. Du bord des calottes glaciaires ou des banquises qui ferment souvent l'accès des mers polaires, les courants et les vagues peuvent détacher, surtout dans la saison chaude, d'énormes blocs de glace qu'on nomme *icebergs*[1] ; entraînés par les courants et entraînant avec eux les débris rocheux de toute sorte qu'ils peuvent enfermer, les icebergs viennent parfois atterrir très loin de leur lieu d'origine et mettent alors en liberté leur contenu, au fur et à mesure que la glace entre en fusion ; quand un iceberg fond entièrement avant d'avoir atterri, les débris qu'il contient tombent lentement au fond de la mer, dont ils contribuent à accroître les dépôts, nouveaux exemples de transport et de sédimentation dus à l'action de la glace.

Circulation de l'eau dans la nature. — L'action de l'eau dans la nature, qu'on la considère à l'état liquide ou à l'état solide, peut être résumée en quelques mots (*fig.* 40).

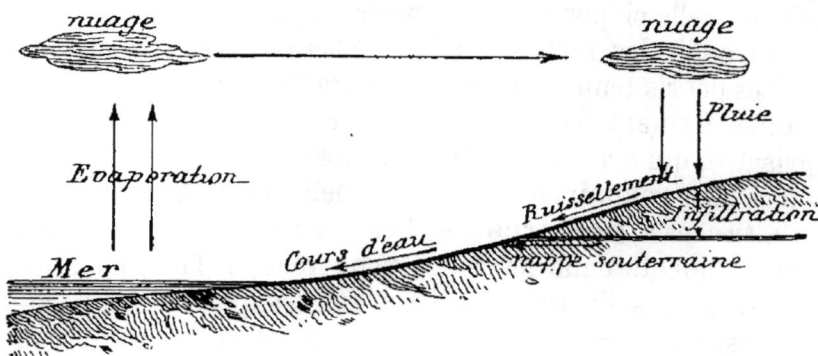

Fig. 40. — Circulation de l'eau dans la nature.

L'eau évaporée à la surface des océans par la chaleur solaire va former les nuages que les vents amènent au-dessus des continents. Ces nuages fournissent des pluies qui donnent lieu à des phénomènes d'évaporation, de ruissellement ou d'infiltration, et des neiges qui forment des glaciers. Les eaux de ruissellement et d'infiltration et les glaciers détruisent sur certains points (érosion), pour édifier

1. C'est-à-dire « montagne de glace ».

sur d'autres (sédimentation), et tendent ainsi à niveler la surface terrestre. Après avoir accompli ce double travail, l'eau est ramenée par les fleuves à l'océan, où de nouvelles évaporations la transforment encore en nuages, et ainsi de suite indéfiniment. Ainsi se trouve réalisée une véritable *circulation de l'eau dans la nature.*

RÉSUMÉ

Les *neiges persistantes*, qui s'accumulent à de grandes altitudes dans les régions montagneuses, donnent lieu à des *avalanches* ou à des *glaciers*.

La neige entassée dans un *champ de neige* s'y transforme peu à peu en *névé*, puis en *glace bulleuse*, enfin en *glace transparente*, qui s'engage dans un couloir et y forme un *glacier*.

Le glacier *coule* à la manière d'un fleuve; mais sa vitesse est très faible et varie avec la température extérieure. Ce déplacement du glacier est dû à deux causes principales : la *plasticité* de la glace et le phénomène du *regel.* Mais la plasticité de la glace n'est pas illimitée; ainsi s'expliquent les *crevasses* (*crevasses transversales, marginales, frontales*, etc.) que présente la surface du glacier.

Les dimensions d'un glacier dépendent de ses *gains* (névés nouveaux, chutes de neige) et de ses *pertes* (fusion de la glace); l'eau de fusion forme sous le glacier un torrent qui débouche au front.

Les effets du glacier sont de deux sortes : 1° effets de *transport* (*moraines latérales, médianes, frontales*); — 2° effets d'*érosion* (*roches striées et polies, boue glaciaire*).

Les phénomènes glaciaires, peu développés dans les régions tempérées, le sont beaucoup plus dans les régions polaires (*calottes glaciaires, banquises, icebergs*, etc.)

Les phénomènes d'érosion et de sédimentation produits par l'eau sont le résultat d'une véritable *circulation de l'eau dans la nature.*

SIXIÈME LEÇON

Action des êtres vivants. — Notion du feu central.

Action des êtres vivants. — Les êtres vivants (animaux ou plantes) qui se développent à la surface des continents ou dans la profondeur des eaux peuvent souvent prendre une part inconsciente à la transformation lente de l'écorce terrestre. Quelques exemples vont nous permettre de le comprendre.

Foraminifères. — On se rappelle[1] que les *Foraminifères* sont des animaux microscopiques de l'embranchement des Protozoaires, dont le corps se réduit à un globule de substance vivante que protège une enveloppe calcaire percée de nombreuses ouvertures (*fig.* 41). La mer, en certains points, en renferme des myriades qui demeurent, pendant tout le temps de leur vie, en suspension dans l'eau. Quand un foraminifère meurt, sa substance vivante se détruit et disparaît ; mais la carapace calcaire, squelette de l'animalcule, tombe lentement au fond de l'eau. Qu'on s'imagine des milliards de carapaces semblables s'accumulant peu à peu dans une dépression profonde de l'océan : il se formera lentement une sorte de bouillie calcaire qui, en se tassant et se consolidant, deviendra un véritable sédiment et tendra à combler la dépression. Ce sera une roche d'origine animale.

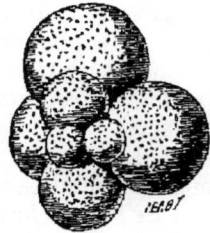

Fig. 41. — Globigérine (Foraminifère) grossie 700 fois.

Polypiers constructeurs. — Il n'est pas nécessaire de descendre jusqu'aux derniers degrés de l'échelle animale pour rencontrer des organismes constructeurs ; on peut

1. Voir le cours de Zoologie en sixième.

4.

voir des animaux de grande taille et d'organisation assez élevée édifier aussi des dépôts calcaires.

Les régions tropicales de l'océan Indien et de l'océan Pacifique sont riches en récifs calcaires dans lesquels on peut reconnaître de nombreux débris de polypiers coralliaires (*fig.* 42), agglutinés par un ciment en une sorte de béton; souvent aussi les polypiers que renferme le récif paraissent avoir conservé les positions qu'ils occupaient alors qu'ils étaient habités par des animalcules vivants; la partie extérieure du récif que baigne les flots est couverte de polypiers vivants qui s'accroissent continuellement; des sondages pratiqués au voisinage du récif montrent qu'il se prolonge vers la pleine mer par un talus sous-marin qui peut descendre jusqu'à de très grandes profondeurs.

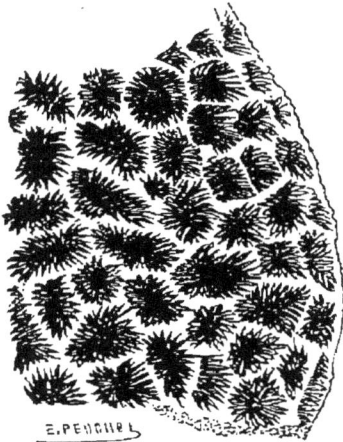

Fig. 42. — Polypier coralliaire.

Ces *récifs coralliens*, qui émergent à fleur d'eau, forment ordinairement autour des îles de véritables ceintures qui longent les côtes à quelque distance et ne sont interrompues qu'accidentellement par des passes donnant accès au rivage; on les désigne alors du nom de récifs en barrière; la Nouvelle-Calédonie est ainsi protégée par une ceinture corallienne. Parfois le récif accompagne immédiatement la côte, sans en être séparé par un large chenal, c'est alors un *récif en ceinture*. On voit au contraire fréquemment le récif constituer à lui seul une île tout entière, mais de forme toute spéciale : c'est une sorte d'anneau dépassant à peine le niveau de la mer et renfermant une lagune centrale (*fig.* 43). Une pareille île est appelée *atoll*. Il y a des atolls absolument fermés aux eaux de la mer; souvent aussi l'anneau corallien est interrompu de distance en

distance par des ouvertures de communication entre la
lagune et l'océan.

Le nombre considérable des *atolls* dans les archipels
polynésiens et la constance de leur disposition annulaire
ont conduit les géologues à penser que leur formation doit

Fig. 43. — Vue d'un atoll.

avoir une cause générale : quelques observations sur le
mode d'existence des polypiers qui vivent et se développent
aux bords des récifs coralliens vont nous éclairer à cet
égard.

Les polypiers coralligènes ne peuvent vivre que dans les
mers chaudes, celles où la température des eaux, même
dans la saison la plus froide, ne descend pas au-dessous de
20 degrés. Ils recherchent le voisinage de la surface, et ne
peuvent se développer à une profondeur supérieure à
37 mètres environ. Enfin une eau agitée paraît leur con-
venir mieux qu'une eau tranquille : c'est ainsi que dans un
récif en barrière les polypiers se développent mieux et plus
rapidement sur la face qui regarde la pleine mer que sur
celle qui regarde le rivage.

Ceci posé, imaginons que le fond d'une mer chaude,
semée de nombreuses petites îles, s'affaisse lentement
(*fig.* 44). Autour d'une de ces îles (I), les polypiers coralligènes ont d'abord établi une *ceinture* (R) qui s'étend
depuis la surface de la mer (AB) jusqu'à une profondeur
d'environ 37 mètres (*cd*). Au fur et à mesure que le sol

s'affaisse, les polypiers élèvent leurs constructions calcaires
de manière à se maintenir au voisinage du niveau de la
mer (A'B'), et, comme ils se développent mieux vers l'ex-

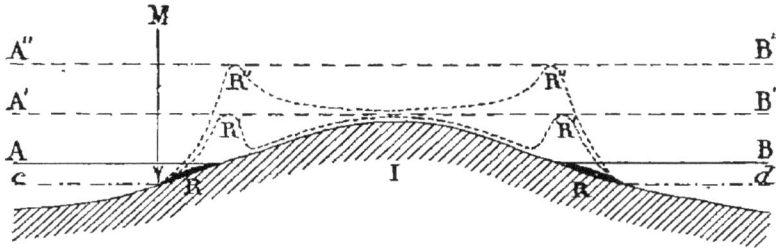

Fig. 44. — Formation d'un atoll (théorie de Darwin).

térieur que du côté de l'île, la ceinture corallienne ne tarde
pas à être séparée de l'île par un chenal qui la transforme
en une *barrière* (R'). Plus l'île s'enfonce, plus le chenal
s'élargit. Vient enfin un moment où l'île a complètement
disparu sous les flots (A"B"); alors la barrière corallienne
est devenue un anneau complet ou incomplet, dernier
vestige de l'île disparue : un atoll est constitué (R"). Sup-
posons que le piédestal de l'atoll continue à s'affaisser au
fond des eaux, et nous comprendrons que les sondages
(en M par exemple) révèlent l'existence de polypiers à des
profondeurs où ils ne pourraient vivre actuellement : ces
polypiers ont d'abord vécu près de la surface, puis se sont
enfoncés peu à peu, et sont morts dès qu'ils ont dépassé la
profondeur de 37 mètres.

De nombreuses et patientes observations, dues à Darwin[1]
et à Dana[2], ont paru montrer que le fond d'une partie du
Pacifique éprouverait effectivement un affaissement lent, et
ont donné à la théorie qui vient d'être exposée une autorité
longtemps incontestée.

Des recherches plus récentes[3] semblent l'avoir battue en
brèche : peut-être l'affaissement du fond de l'océan Paci-

1. Illustre naturaliste anglais (1809-1882).
2. Géologue américain.
3. Dues surtout au naturaliste anglais Murray.

fique est-il un phénomène tout à fait local, limité à quelques
points de la Polynésie. Les auteurs qui rejettent la théorie
de Darwin remarquent que beaucoup d'archipels océaniens
sont de nature volcanique; ils admettent que les atolls
occuperaient les sommets de cônes volcaniques (V) abattus
et rasés par les flots, mais parfaitement fixes (*fig.* 45). Pour

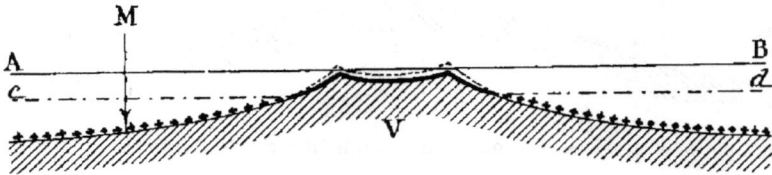

. Fig. 45. — Formation d'un atoll (théorie de Murray).

expliquer la présence de formations coralliennes sur les
pentes sous-marines de l'atoll, à des profondeurs souvent
considérables (en **M** par exemple), ils observent que, dans
ces parties profondes, le récif corallien est entièrement
formé de fragments de polypiers, brisés et agglutinés par
un ciment calcaire : ce seraient les débris arrachés par
l'érosion aux parties supérieures du récif qui auraient roulé
sur les pentes voisines.

Quoi qu'on puisse penser de ces deux théories, on voit
que les squelettes calcaires des polypiers coralliaires peuvent, en s'entrelaçant et s'accumulant sur les bas-fonds des
mers chaudes, former des calcaires compacts qui contribuent à l'accroissement de l'écorce terrestre : parmi eux
on observe fréquemment des calcaires oolithiques; nous
avons étudié (voir page 38) les conditions nécessaires à
leur formation, et nous savons maintenant que ces conditions se trouvent réalisées dans les récifs coralliens.

Diatomées. — De même que certains animaux, certaines plantes peuvent, par l'accumulation de leurs débris,
donner lieu à la formation de roches particulières.

Les algues brunes et microscopiques du groupe des *Diatomées* (*fig.* 46) possèdent, comme on le sait, des carapaces
de nature siliceuse. Quand ces algues périssent, leurs cara-

paces s'accumulent au fond de l'eau où elles ont vécu et forment ainsi un dépôt pulvérulent qu'on appelle *tripoli* :

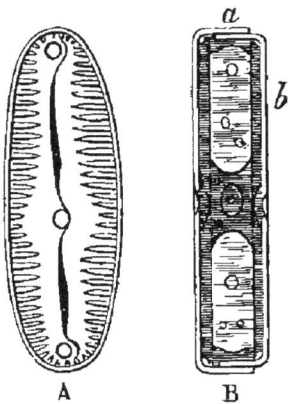

en raison de la grande dureté des éléments qui le constituent, le tripoli est employé pour nettoyer et polir certains métaux. Sur quelques points, on trouve à l'intérieur de l'écorce terrestre des masses considérables de tripoli d'origine ancienne : c'est ainsi que le sous-sol de la ville de Berlin en est presque entièrement formé.

Fig. 46. — Une Diatomée. A, vue de face; B, vue de profil; *a*, *b*, les deux valves de la carapace.

Formation de la tourbe. — La *tourbe* est un combustible imparfait, brûlant avec beaucoup de fumée, qui est entièrement formé par l'accumulation de débris végétaux.

Les plantes qui contribuent le plus efficacement à la formation de la tourbe sont des mousses du groupe des *Sphaignes* (*fig.* 47), ou encore certaines espèces de *Carex*, Monocotylédonées à tiges traçantes.

Pour comprendre la transformation des Sphaignes en tourbe, il est nécessaire de connaître l'organisation générale de ces plantes. Une Sphaigne possède une longue tige qui plonge dans l'eau par son extrémité inférieure et porte sur toute sa longueur des feuilles régulièrement espacées. Au fur et à mesure que la tige s'allonge par son extrémité supérieure et produit de nouvelles feuilles, les parties inférieures meurent et ne servent plus qu'à conduire l'eau vers les parties vivantes. Les tiges de Sphaignes dressées côte à côte forment à la surface du sol humide un gazon épais et feutré.

Trois conditions essentielles sont nécessaires au développement des Sphaignes : il faut d'abord qu'elles aient toujours de l'eau à leur disposition ; ensuite que cette eau soit très limpide ; enfin que l'écoulement de l'eau se fasse lentement, pour que les plantes puissent se fixer définitivement au sol. Quand ces trois conditions se trouvent réunies, les tiges de Sphaignes s'allongent rapidement, et leurs parties mortes, plongées dans l'eau, se décomposent lentement en se carbonisant. On appelle *tourbière* un espace plan sur lequel se carbonisent ainsi des Sphaignes : si on creuse une tranchée dans une tourbière, on observe à la surface des tiges et des feuilles parfaitement vivantes et dans la profondeur une matière d'abord jaunâtre, puis de couleur brune, de plus en plus compacte et de plus en plus riche en carbone :

Fig. 47. — Sphaigne.

c'est la tourbe. On l'exploite au fur et à mesure qu'elle se forme, et, comme les conditions restent favorables à sa formation, elle se reconstitue sans cesse.

Pour que la décomposition des Sphaignes fournisse de la tourbe, il faut que la température ne soit pas trop élevée, car elle activerait trop la décomposition des matières végétales; aussi n'observe-t-on pas de tourbières au-dessous du 45ᵉ degré de latitude.

Les tourbières sont surtout répandues dans les vallées où coulent très régulièrement des rivières dont l'eau est limpide, par exemple la vallée de la Somme. On en trouve cependant aussi dans quelques régions montagneuses, même sur des pentes assez raides; cela tient à ce que le sol est constamment imbibé d'eau par des suintements et que cette eau est retenue par certaines espèces de mousses vivaces et très avides d'humidité.

La tourbe est encore un exemple de ces roches dont la formation doit être attribuée à l'activité des êtres vivants.

Phénomènes d'origine interne. — Abordons l'étude des modifications de l'écorce terrestre qui paraissent avoir une cause interne.

Température interne du globe. — Quand on s'enfonce à l'intérieur du sol, dans un puits de mine par exemple, on constate que la température s'élève progressivement. Cette augmentation n'est pas la même en tous les points du globe; elle dépend en particulier de la nature de la roche qui constitue le sol; elle est en moyenne de 1° pour 30 mètres[1].

Il faut remarquer toutefois que l'augmentation régulière de température ne commence pas immédiatement à la surface du sol. Les premières couches sont en effet soumises aux variations de la température extérieure, et ce n'est qu'à une certaine profondeur que la température devient constante pendant toute l'année : dans les caves de l'Observatoire, par exemple, à une profondeur de 27^m,60, la température est restée constamment égale à 11°,8 depuis les observations faites par Lavoisier[2] à la fin du siècle dernier; c'est cette constance de la température au-dessous de la surface du sol qui fait que nos caves paraissent chaudes en hiver, froides en été.

Hypothèse du feu central. — Cette remarque faite, il est facile de calculer que si, à partir de cette profondeur, la température augmente de 1° environ pour 30 mètres, elle doit atteindre rapidement une valeur telle qu'aucune des substances solides que nous connaissons ne pourrait y résister sans fondre. Comme rien ne nous autorise à supposer que le sein de la terre renferme des corps simples différents de ceux qui entrent dans la constitution

---

1. Cette différence de niveau, correspondant à une augmentation de température de 1°, est ce qu'on appelle le *degré géothermique*.
2. Illustre savant français, le fondateur de la chimie (1743-1794).

des substances situées à sa surface, — puisque les astres eux-mêmes (autant que nous pouvons juger de leur composition) n'en renferment pas d'autres, — nous sommes conduits à admettre qu'il existe, à une profondeur relativement faible au-dessous de la surface du sol, une masse de matières portées à l'état de fusion par la haute température à laquelle elles sont soumises, ou, comme on dit, à l'état de *fusion ignée*[1]. Que cette masse s'étende jusqu'au centre de la terre, faisant de celle-ci un globe énorme de matières fondues recouvert par une pellicule solide, c'est ce qu'on admet généralement. Il faut ajouter cependant que certains géologues supposent que la masse ignée ne forme qu'une couche plus ou moins épaisse, protégée par l'enveloppe extérieure solide, et recouvre à son tour un noyau central solide.

Quoi qu'il en soit, l'existence infiniment probable de ces matières à l'état de fusion ignée au-dessous de l'écorce terrestre va nous permettre d'expliquer les phénomènes actuels d'origine interne.

RÉSUMÉ

Les *êtres vivants* (animaux ou plantes) peuvent prendre une part inconsciente à la formation de certaines roches.

Certains dépôts calcaires sont produits par l'accumulation lente au fond des eaux de la mer de carapaces de *Foraminifères*.

Beaucoup de *polypiers* du groupe des *Coralliaires* forment, par l'accumulation de leurs squelettes calcaires, des récifs appelés *récifs coralliens* (récifs en *barrière*, récifs en *ceinture*, *atolls*). La forme annulaire des atolls a été expliquée en admettant que chaque atoll occuperait le sommet d'une île qui se serait lentement affaissée sous les eaux, ou celui d'un cône volcanique éteint et rasé par la mer.

Le *tripoli* est une matière pulvérulente et siliceuse, formée par l'accumulation de carapaces de *Diatomées*, algues microscopiques.

La *tourbe* est un combustible imparfait formé par la carbonisation incomplète au sein de l'eau de débris végétaux; ces débris

---

1. Du mot latin *ignis*, feu.

appartiennent surtout aux mousses du groupe des *Sphaignes*, qui se développent de préférence dans des eaux fraîches, limpides et lentement courantes.

Quand on s'enfonce à l'intérieur du sol, on observe une augmentation régulière de la température (1° environ pour 30 mètres). Cette augmentation de température conduit à penser que le globe terrestre contient, sous une écorce solide relativement mince, un noyau énorme de matières à l'état de fusion ignée (*hypothèse du feu central*).

SEPTIÈME LEÇON

Phénomènes volcaniques.

Phénomènes volcaniques. — Parmi les phénomènes d'origine interne, les plus remarquables sont les *phénomènes volcaniques*.

Volcans. — Un *volcan* (*fig.* 48) est une sorte de *cheminée* (*Ch*) qui, traversant l'écorce terrestre (E), met en communication avec l'extérieur les matières fondues (M) que celle-ci recouvre. La partie supérieure de cette cheminée est généralement entourée d'une accumulation conique de matières rejetées par le volcan ; c'est ce qu'on appelle le *cône de débris* (*Co*). Jamais un cône volcanique, malgré la ressemblance qu'il peut présenter avec une montagne, n'a été formé par un soulèvement du sol. Le sommet du cône de débris est généralement échancré, autour de

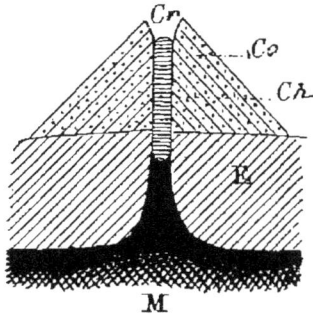

Fig. 48. — Coupe d'un volcan (figure théorique).

l'orifice de la cheminée, par une sorte d'entonnoir appelé le *cratère* (*Cr*).

Activité continue ou discontinue. — Certains

volcans rejettent continuellement à l'extérieur des matières solides ou liquides : ils sont en *activité continue* (exemple : le Stromboli dans les îles Lipari). D'autres passent successivement par des périodes d'activité et des périodes de repos : leur activité est. *discontinue* (exemple : le Vésuve). Les périodes d'activité sont dites *éruptions volcaniques*.

Éruption volcanique; phénomènes précurseurs. — Une éruption volcanique débute en général par des *phénomènes précurseurs*, qui l'annoncent en quelque sorte. Ce sont en général des trépidations du sol, des bruits souterrains, parfois aussi des modifications dans le régime

Fig. 49. — Vésuve en éruption.

des sources voisines du volcan, qui peuvent, par exemple, tarir toutes simultanément.

Cône de fumée. — L'éruption proprement dite commence par la projection d'un *cône de fumée*[1]. On voit sortir du cratère, dont l'orifice s'est ouvert à la suite d'une explosion qui peut être formidable, une colonne de vapeur d'eau qui s'élève peu à peu dans les airs, jusqu'à une hauteur parfois considérable; puis cette colonne s'étale horizontalement dans les couches supérieures de l'atmosphère et prend à peu près l'aspect d'un Pin pignon (*fig.* 49). La vapeur d'eau, projetée hors du volcan avec une force très grande, entraîne des corps solides de dimensions variées. Les plus gros, de formes irrégulières, sont qualifiés de

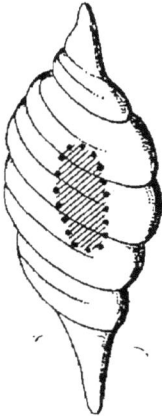

scories. D'autres, dont le volume égale communément celui de la tête, ont une forme de fuseau et portent à leur surface des sillons enroulés en spirale (*fig.* 50) : ils ont été projetés à l'état pâteux et se sont solidifiés en tournant rapidement sur eux-mêmes; on les appelle *bombes volcaniques*. Des corps plus petits portent le nom de *lapilli*. Les particules les plus fines forment les *cendres volcaniques*.

Fig. 50. — Bombe volcanique, supposée transparente.

Les corps solides entraînés par la vapeur d'eau retombent autour de la cheminée volcanique, à des distances d'autant plus faibles qu'ils sont plus volumineux; ils contribuent à former le cône de débris. Les cendres volcaniques peuvent être emportées par les mouvements atmosphériques fort loin du cône volcanique; on cite des éruptions du Vésuve dont les cendres ont été entraînées jusqu'à Constantinople ou jusqu'à Tripoli; le cataclysme qui a eu pour théâtre, en 1883, l'île de Krakatau, dans l'archipel de la Sonde, a répandu dans les couches supérieures de l'atmosphère des cendres très fines qui ont fait ensuite, à deux reprises, le tour du globe et ont donné lieu, pendant deux années consécutives, sous le ciel de Paris, à des lueurs rouges accompagnant les crépuscules d'été.

[1]. Terme assez mal choisi, puisque ce cône est formé non par de la fumée, mais par de la vapeur d'eau.

Quand les cendres retombent sur les flancs du cône volcanique en même temps qu'une pluie abondante, elles
peuvent former des boues dont la solidification donne naissance à des roches appelées *tufs volcaniques* : un tuf volcanique est évidemment d'origine interne par la nature de
ses éléments ; mais leur disposition est régulièrement
stratifiée comme celle d'une roche sédimentaire ; des débris
animaux ou végétaux peuvent s'y trouver enfermés et,
plus tard, se fossiliser. Un tuf volcanique peut être aussi
formé par des cendres mélangées aux eaux de la mer.

On a souvent décrit des *flammes* qui parcourent le cône
de fumée au moment de sa sortie du volcan. Parfois il n'y
a là qu'une illusion d'optique due à la réverbération par le
cône de fumée des matières fondues que renferme la cheminée volcanique ; mais il arrive aussi, dans certains cas,
que des gaz combustibles, tels que de l'hydrogène et des
carbures d'hydrogène, s'enflamment réellement dans le
cône de fumée. Ce dernier peut être aussi le siège de
véritables *orages volcaniques* et se montrer sillonné
d'éclairs.

Laves. — Au bout d'un certain temps, le cône de
fumée diminue de volume, puis finit par disparaître complètement : la première phase de l'éruption volcanique
prend fin et fait place à la seconde, que caractérise la sortie
des *laves*.

On donne le nom de *lave* à toute matière qui, sortant du
volcan à l'état de fusion ignée, se solidifie ensuite par
refroidissement. On voit donc que le mot de *lave* n'indique
pas une composition chimique définie : il correspond seulement à un état physique. Cependant toutes les laves sont
riches en silice et renferment une forte proportion d'eau.

Quelquefois la poussée interne est suffisante pour sou-
lever la lave jusqu'au sommet de la cheminée volcanique,
d'où elle déborde le cratère principal. Le plus souvent elle
ne s'élève pas jusque-là et sort du cône des débris par
des fissures latérales dans lesquelles elle s'infiltre. Chacun
des orifices par lesquels s'échappent les coulées de laves

constitue un *cratère secondaire* ou *adventif*; on s'explique
pourquoi ces cratères sont disposés sur les pentes du cône
de débris suivant des lignes à peu près droites, en ob-
servant que chacune de ces lignes doit marquer la direction d'une fissure interne.

Les laves, épanchées au dehors, s'écoulent avec une vi-

Fig. 51. — Chaussée de basalte (Coulée du Pont-Volant, dans l'Ardèche).

tesse variable : elle dépend de la pente offerte par le terrain ;
elle dépend aussi de la constitution chimique de la coulée,
qui lui donne une consistance plus ou moins pâteuse.

Sous l'influence du refroidissement, la coulée se solidifie.
Cette solidification ne s'opère pas toujours avec la même
rapidité, ni avec la même régularité : une lave acide, c'est-
à-dire très riche en silice, se refroidit rapidement ; une lave

basique, plus pàuvre en silice, se refroidit plus lentement. Quand une lave se solidifie lentement, il n'est pas rare qu'elle se divise, par des fissures régulières, en prismes parallèles dressés côte à côte comme des tuyaux d'orgue ; c'est une disposition qu'on rencontre fréquemment aussi dans les basaltes (voir p. 17 et *fig.* 51).

Quand on étudie au microscope la structure des laves solidifiées, on est frappé de la ressemblance qu'elles offrent avec les roches cristallines et en particulier avec les roches microlithiques, comme les trachytes, les basaltes, etc... Elles sont, de plus, disposées, comme elles, en masses irrégulières. De ces ressemblances il est légitime de conclure que les roches cristallines ont dû se former à la façon des laves actuelles ; elles sont probablement sorties du sol à l'état fluide par des fissures de l'écorce terrestre, et se sont solidifiées par refroidissement. Pour résumer cette origine en un mot, on est convenu de les appeler *roches ignées, plutoniennes* [1] ou *éruptives*. C'est ce dernier terme que nous emploierons désormais.

Au bout d'un certain temps les coulées de lave se ralentissent, enfin cessent complètement ; ainsi prend fin la seconde phase de l'éruption volcanique.

Fumerolles. — La troisième phase est caractérisée par les *fumerolles*. On désigne de ce nom des dégagements de gaz qui s'échappent ordinairement du cône volcanique par le cratère principal et par les cratères adventifs. Parmi ces gaz, qu'on a pu analyser assez exactement, les plus acides sont ceux qui se dégagent au voisinage du cratère principal (acide chlorhydrique par exemple) ; leur acidité diminue au fur et à mesure qu'on descend le long des pentes du cône volcanique ; ainsi, c'est surtout de l'acide carbonique qui se dégage vers la base du cône : on réserve à ces dégagements d'acide carbonique le nom de *mofettes*.

Après un certain temps d'activité, les fumerolles s'affaiblissent à leur tour, enfin tarissent complètement. Ce sont

----

1. Du nom de Pluton, dieu des Enfers dans la mythologie grecque.

les plus acides qui disparaissent les premières ; ce sont, au contraire, les mofettes qui persistent en dernier lieu. Leur fin marque ordinairement celle de l'éruption elle-même, et le volcan rentre dans l'état de repos.

Il est à remarquer toutefois que, dans les régions volcaniques, les dégagements gazeux persistent souvent bien longtemps après la fin de toute éruption. Ce sont souvent des mofettes, comme celles de la grotte du Chien, près de Naples, qui forment au ras du sol une couche d'acide carbonique dans laquelle les animaux de petite taille (les chiens par exemple) meurent asphyxiés. Parfois aussi ce sont des dégagements sulfureux, qui ont pour conséquence un dépôt de soufre à la surface des roches environnantes ; ainsi s'expliquent les champs de soufre ou *solfatares* (solfatare de Pouzzoles, par exemple) que l'on exploite pour l'extraction du soufre.

Distribution des volcans. — Si l'on veut trouver une explication vraisemblable des éruptions volcaniques, il est nécessaire d'étudier d'abord la distribution des volcans à la surface du globe.

Si on prend un planisphère et qu'on y marque d'un signe particulier chacun des volcans actifs ou éteints, on observe qu'ils sont tous situés au voisinage plus ou moins immédiat d'une mer. En particulier, l'océan Pacifique se montre entouré d'une véritable *ceinture volcanique* (*fig.* 52). Commençant au Kamtchatka, elle se continue par les îles Kouriles, l'archipel du Japon, les Philippines, les îles de la Sonde ; elle est marquée au sud par les deux volcans antarctiques de l'Erèbe et de la Terreur ; à l'est, elle se poursuit par la Terre de feu, la chaîne des Andes, celle des Montagnes Rocheuses ; enfin elle est fermée au nord par la presqu'île d'Alaska et la chaîne des îles Aléoutiennes. Le centre de cette vaste circonférence est occupé par le plus grand volcan du globe, le Kilauea, toujours actif, au fond d'une vaste dépression du Mauna-Loa, massif montagneux de l'île Hawaï, la plus grande des îles Sandwich.

Cause des éruptions volcaniques. — On

remarque, d'autre part, que les différents produits gazeux de l'activité volcanique (acide chlorhydrique, acide carbonique, etc.) peuvent être artificiellement extraits, par des réactions diverses et compliquées, des substances chimiques que l'eau de mer tient en dissolution.

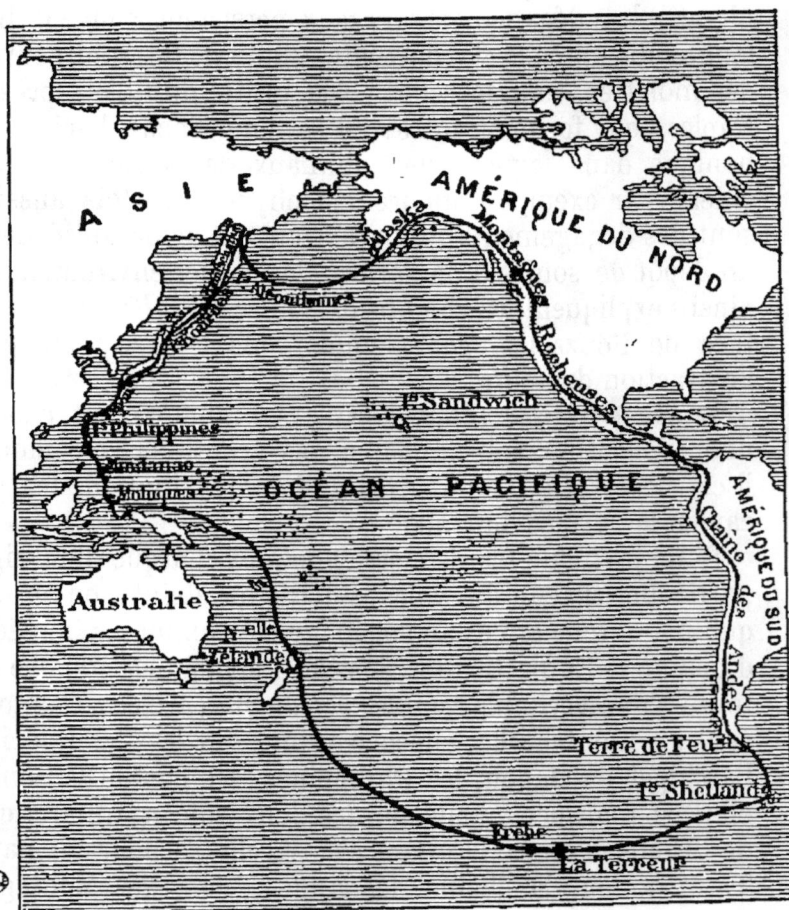

Fig. 52. — Ceinture volcanique du Pacifique.

Des géologues éminents ont voulu rapprocher ces deux considérations, et ont conclu que la cause de chaque éruption volcanique serait probablement l'infiltration d'une quantité considérable d'eau de mer jusqu'aux matières

5.

ignées que recouvre l'écorce terrestre, à travers les fissures nombreuses que doit présenter cette écorce le long des côtes : au contact des matières ignées, cette masse liquide donnerait lieu à des réactions chimiques d'une très grande violence, et c'est sous la poussée des dégagements gazeux que se produirait l'éruption volcanique.

A cette théorie on doit objecter que, si les volcans nous

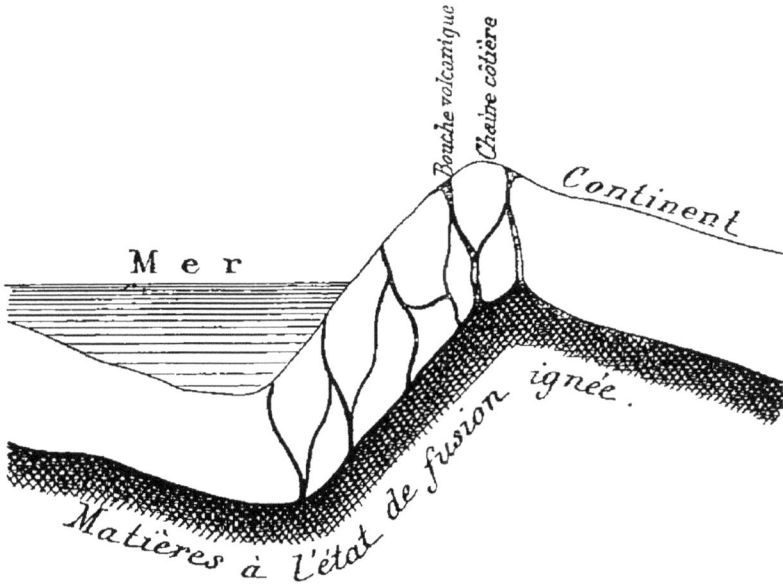

Fig. 53. — Plissement et fissures de l'écorce terrestre le long d'une chaîne de montagnes.

paraissent sur les cartes assez rapprochés des mers, ils en sont souvent très éloignés en réalité (parfois de plusieurs centaines de kilomètres). Il faudrait donc supposer que l'eau de mer infiltrée dans l'écorce terrestre parcoure une distance considérable pour atteindre le noyau de matières ignées. Cette hypothèse un peu hasardée n'est pas nécessaire si on remarque que les limites des océans coïncident souvent avec les lignes suivant lesquelles l'écorce terrestre a dû être fortement plissée et, par suite, fissurée (*fig.* 53). Imaginons alors simplement que l'écorce terrestre s'affaisse sur

certains points de manière à comprimer les matières fluides
qu'elle recouvre : il est facile de comprendre que c'est par
les fissures qui leur sont ouvertes que ces matières s'échap-
peront au dehors ; ce sera donc forcément à une distance
relativement faible des côtes.

Fig. 51. — Le Grand Geyser d'Islande.

On peut observer d'ailleurs que dans un même continent, le continent américain par exemple, l'une des côtes
est toujours plus abrupte que l'autre : le versant occidental est marqué par la double chaîne des Montagnes
Rocheuses et des Andes ; le versant oriental s'abaisse en

pente douce vers l'océan Atlantique. Or c'est précisément
sur le versant occidental, le plus tourmenté, que sont
réparties les bouches volcaniques, tandis qu'on n'en
observe pas sur le versant oriental. Cette remarque nous
montre bien qu'il n'y a pas de relation nécessaire entre le
voisinage de la mer et l'existence des volcans, mais que
celle-ci est simplement liée aux plissements de l'écorce terrestre.

Geysers. — On peut rapprocher des éruptions volcaniques le phénomène des *geysers*. Un geyser est une source
intermittente d'eau bouillante et chargée de silice. L'eau
projetée par un geyser au moment de son éruption s'élève
souvent à une hauteur considérable. Dans le Grand Geyser
d'Islande (*fig.* 54), les éruptions se produisent toutes les dix
minutes; la largeur du jet liquide est d'environ 10 mètres,
sa hauteur peut dépasser 30 mètres. L'eau retombe dans le
bassin au centre duquel s'ouvre la cheminée qui la laisse
échapper ; par refroidissement elle
laisse déposer une partie de la silice
qu'elle contient; cette silice incruste
peu à peu les parois du bassin.

Pour expliquer l'origine des éruptions geysériennes, on a cherché à les
reproduire artificiellement et en réduction (*fig.* 55). On prend un tube
métallique fermé à son extrémité inférieure, évasé en forme de bassin à
son extrémité supérieure. On remplit
l'appareil d'eau. Puis on chauffe régulièrement l'extrémité inférieure avec
une lampe à alcool, et on fait arriver
latéralement, vers le milieu du tube,
la flamme d'un chalumeau qui fournit
une chaleur considérable. Au bout d'un certain temps, la
couche d'eau surchauffée (ABCD) se vaporise; la vapeur se
dégage en soulevant brusquement les couches d'eau superposées, qui sont projetées par l'extrémité supérieure. Puis

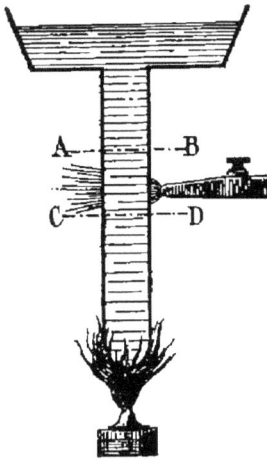

Fig. 55. — Explication du
phénomène geysérien.

survient une période de repos, à la suite de laquelle se produit une nouvelle projection, et ainsi de suite.

Par analogie, on peut supposer que l'eau chaude et chargée de silice qui arrive dans la cheminée geysérienne est surchauffée latéralement, à un certain niveau, par des dégagements gazeux venus des parties plus profondes de l'écorce terrestre et se vaporise de temps en temps, d'où l'origine d'une éruption.

RÉSUMÉ

Les principaux phénomènes d'origine interne sont les *phénomènes volcaniques*.

Un *volcan* est une *cheminée* naturelle qui met en communication avec l'extérieur les matières ignées recouvertes par l'écorce terrestre. L'ouverture de la cheminée est surmontée d'un *cône de débris* dont le sommet est échancré (*cratère*).

On distingue des volcans d'*activité continue* (Stromboli) et des volcans d'*activité discontinue* (Vésuve).

Une *éruption volcanique* débute par des *phénomènes précurseurs*.

L'éruption proprement dite comprend trois périodes :

1° Sortie du *cône de fumée* (vapeur d'eau entraînant avec elle des *scories*, des *bombes*, des *lapilli* et des *cendres*); phénomènes accessoires : flammes et orages volcaniques.

2° Sortie des *laves* soit par le cratère principal, soit par des *cratères adventifs*; elles se solidifient par refroidissement; leur structure rappelle celle des roches cristallines, qu'on peut appeler dès lors *roches éruptives*.

3° Dégagement des *fumerolles*, plus ou moins acides (*mofettes*, dépôts de *soufre*, etc.).

Les volcans sont généralement situés au voisinage des mers (ceinture volcanique du Pacifique) et toujours le long des lignes de plissement de l'écorce terrestre. On peut expliquer une éruption volcanique soit par l'infiltration d'une masse d'eau de mer jusqu'au noyau central de matières ignées, soit, plus simplement, par la compression que l'écorce terrestre exerce en s'affaissant sur ces matières ignées.

On peut rapprocher des volcans les *geysers*, sources intermittentes d'eau bouillante et chargée de silice.

HUITIÈME LEÇON

Sources thermales; dépôts; filons métallifères.
Mouvements du sol.

Sources thermales. — On appelle *sources thermales*[1] des sources dont la température est sensiblement supérieure à la température moyenne du lieu où elles jaillissent, et qui, grâce à cette propriété, tiennent presque toujours en dissolution des substances chimiques diverses.

La température propre aux sources thermales est une manifestation nouvelle de l'existence, sous l'écorce terrestre, d'un noyau de matières ignées; c'est probablement parce que ces sources viennent des parties profondes de l'écorce terrestre, voisines de ce noyau, que leur température se trouve ainsi surélevée.

Les sources thermales sont fréquentes dans les régions volcaniques; mais il ne faut pas croire que leur existence soit liée nécessairement à celle des volcans : on en trouve aussi dans des régions où on n'observe nulle trace, même ancienne, de l'activité volcanique.

Le contenu minéral des sources thermales est très variable : certaines sont *calcaires*, ou tiennent simplement en dissolution de l'acide carbonique (sources *gazeuses*) : elles se rencontrent surtout dans les régions volcaniques. Il en est de même des sources *siliceuses*. Il y a des sources thermales qui contiennent du sulfate ou du carbonate de fer; elles sont dites *ferrugineuses*. D'autres, dites sources *salines*, comme celles d'Epsom et de Sedlitz, contiennent du chlorure de sodium, des sulfates de soude et de magnésie. Les sources *alcalines*, comme celles de Spa et de

---

1. Du grec θερμός, prononcez *thermos*, chaud.

Vichy, contiennent du bicarbonate de soude. Les sources *sulfureuses* (Barèges, Enghien, etc.) contiennent de l'hydrogène sulfuré.

Dépôts des sources thermales. — Un fait important à noter à propos des sources thermales, c'est qu'elles déposent lentement, à la surface des fissures du sol ou des tuyaux artificiels de conduite, des substances minérales dont la nature dépend non seulement de la source, mais aussi de la surface incrustée. On a pu ainsi constater à Plombières l'existence de substances minérales diverses déposées par les sources dans des conduites dont la construction remonte aux Romains. Ces conduites sont formées de fragments de briques réunis par un ciment à base de chaux. Or les substances qui se sont déposées sur les fragments de briques sont différentes de celles qui se sont formées sur le ciment. On peut conclure de là qu'il y a eu de véritables transformations chimiques produites par l'action de l'eau minérale sur la brique et le ciment.

Filons métallifères. — On rencontre fréquemment à l'intérieur du sol, surtout dans les régions tourmentées, des fissures plus ou moins larges dont la surface interne est tapissée de substances diverses et en particulier de minerais métalliques ; c'est ce qu'on appelle des *filons métallifères* (*fig.* 56). En général, les parois d'un filon ou *épontes* (E) supportent d'abord une couche de matière argileuse appelée *salbande* (S), sur laquelle est

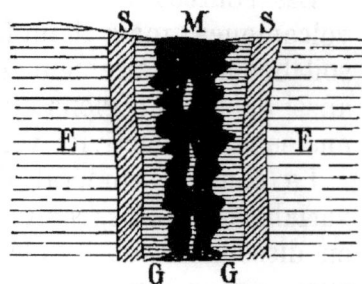

Fig. 56. — Filon métallifère.

appliqué le *minerai* (M), accompagné de matières pierreuses sans valeur qui forment la *gangue* (G). Cette disposition régulière des substances à l'intérieur du filon rappelle tout à fait celle qu'on peut observer sur les parois des sources thermales ; il est donc permis d'attribuer l'origine des filons métallifères à une cause analogue : la gangue et le minerai sont probablement les produits de l'activité d'une source chaude qui a jadis parcouru le filon en déposant les substances chimiques qu'elle tenait en dissolution.

Mouvements du sol. — Si, comme tout jusqu'ici nous porte à le croire, l'écorce terrestre recouvre à la manière d'une mince pellicule un énorme noyau de matières ignées, comment admettre qu'une enveloppe aussi faible puisse supporter les formidables poussées de cette masse interne sans éprouver elle-même aucun déplacement? Ajoutons à cela que le noyau fluide, en se refroidissant, se contracte lentement, entraînant son écorce qui se ride et se plisse pour s'appliquer étroitement contre lui. L'instabilité du sol que nous foulons aux pieds se manifeste par deux sortes de phénomènes : 1° des mouvements brusques et violents, mais de courte durée (*tremblements de terre*); 2° des *mouvements lents* d'exhaussement ou d'affaissement.

Tremblements de terre. — Un tremblement de terre consiste en une ou plusieurs secousses dont la durée totale ne dépasse généralement pas quelques secondes. Précédées ordinairement de bruits sourds et souterrains, puis de quelques instants d'un calme absolu qui plonge les animaux dans la stupeur et l'épouvante, ces secousses sont verticales ou horizontales ; dans certains cas elles sont faibles et nombreuses, dans d'autres cas fortes et peu nombreuses. Souvent les secousses verticales s'associent aux secousses horizontales, imprimant au sol un mouvement de tournoiement auquel rien ne peut résister; elles bouleversent le sol et tout ce qu'il supporte.

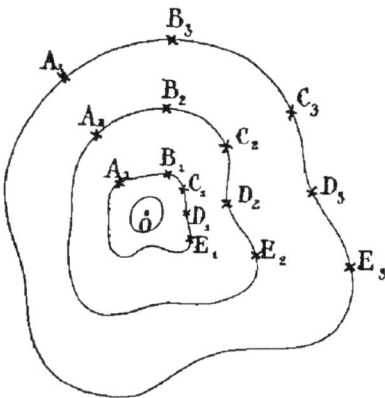

Fig. 57. — Epicentre d'un tremblement de terre.

Il est rare que le tremblement de terre se limite à une localité peu étendue. Lorsque, après la catastrophe, on recueille des renseignements sur les points qu'a éprouvés le fléau, et le moment précis auquel la secousse a été ressentie en chacun d'eux, on constate (*fig.* 57) que les points frappés aux mêmes instants sont distribués autour d'un même foyer ou *épicentre*[1] (O), sur des séries de lignes courbes à peu près concentriques (A₁B₁C₁..., A₂B₂C₂...,

A$_3$B$_3$C$_3$...). En d'autres termes, le mouvement de vibration s'est propagé à la surface de la terre comme se propagent à la surface de l'eau les ondes circulaires produites par la chute d'une pierre. La vitesse de translation est environ de 500 à 600 mètres par seconde.

Les traces que laisse le plus généralement un tremblement de terre dans la contrée qu'il a dévastée sont des crevasses (*fig.* 58), que les

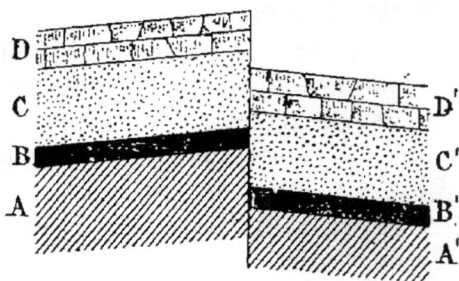
Fig. 58. — Crevasse.

agents extérieurs comblent ensuite et font peu à peu disparaître.

Est-ce à la surface du noyau fluide occupant le centre de la terre qu'on peut trouver la cause du phénomène? Les recherches que l'on a faites à ce sujet, par exemple en étudiant la direction et l'inclinaison des crevasses (*fig.* 59), ont paru établir d'une manière générale que le *centre* de l'ébranlement (ω) est au-dessous de l'épicentre (O), à une profondeur de 5 à 20 kilomètres seulement; il est compris par suite dans l'épaisseur même de l'écorce terrestre. Comme toutes les circonstances qui accompagnent le tremblement de terre rappellent celles qui entourent une explosion, on peut admettre que des gaz, enfermés dans des fissures du sol, où les ont portés des matières fluides venues

1. Du grec ἐπί, prononcez *épi*, sur, parce que ce point est au-dessus du centre réel.

de l'intérieur, exercent un dernier effort sur les couches supérieures qu'ils soulèvent et agitent. S'il en est ainsi, il ne faut plus s'étonner que les tremblements de terre, très

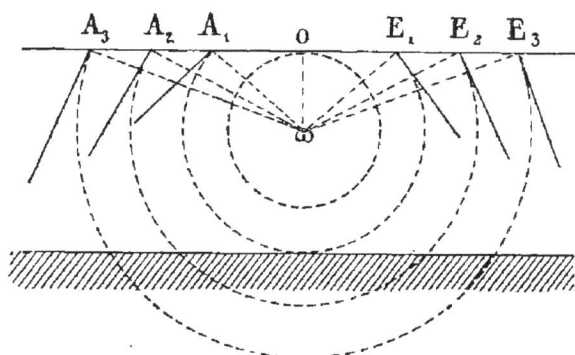

Fig. 59. — Centre (ω) d'un tremblement de terre : chaque crevasse est perpendiculaire à la direction de la droite qui joint l'ouverture de la crevasse au centre ω.

rares et très faibles dans les pays de plaines, soient beaucoup plus fréquents et plus dangereux dans les régions où le sol est plissé et fissuré.

Si on adopte l'explication qui précède, on voit que l'infiltration de matières ignées venues de l'intérieur du globe dans les fissures de l'écorce terrestre peut donner lieu à deux sortes de phénomènes : 1° les phénomènes volcaniques; 2° les tremblements de terre[1].

Mouvements lents. — Les mouvements lents d'exhaussement ou d'affaissement du sol, moins terribles que les tremblements de terre dans leurs effets immédiats, et moins faits pour frapper l'esprit, sont des causes bien plus efficaces de la modification continue du sol. Ils échappent généralement à l'observation; ce n'est que sur les côtes, où le niveau de la mer fournit un point de repère à peu près fixe, qu'ils deviennent sensibles et facilement appréciables[2].

1. Certains tremblements de terre, purement locaux, peuvent avoir des causes tout à fait différentes, par exemple un éboulement dû à l'action érosive des eaux souterraines.
2. Dans l'étude de ces phénomènes, il faut se tenir en garde contre une cause d'erreur : le recul de la mer peut être simplement dû à la sédimentation, ou son progrès à l'érosion.

Dès l'année 1730, Celsius et son élève Linné[1] avaient reconnu que les côtes septentrionales de la péninsule scandinave éprouvent un soulèvement lent, mais continu : un trait marqué par eux au niveau de la mer sur un rocher de l'île Löffgrund se retrouva treize ans plus tard à une hauteur de 18 centimètres au-dessus du niveau de la mer, accusant un soulèvement moyen de $0^m,0138$ par an. Bientôt des observations semblables se multiplièrent ; Léopold de Buch mit hors de doute le fait de l'exhaussement lent du nord de la péninsule ; on a pu calculer que, si l'élévation du fond se continue avec la même régularité, le golfe de Bothnie sera traversé, dans trois ou quatre mille ans, d'Umeå (Suède) à Wasa (Finlande), par un isthme qui fera du golfe de Torneå un lac intérieur.

Au contraire, la pointe méridionale de la péninsule scandinave (la Scanie) s'enfonce graduellement sous les eaux : des rues entières de certaines villes du littoral (Malmö par exemple) sont actuellement submergées. Ainsi la péninsule tout entière aurait un mouvement très lent d'oscillation autour d'un axe fictif dirigé à peu près de l'ouest à l'est et traversant les îles Aland.

D'une manière générale, on a pu observer des phénomènes de soulèvement lent dans toutes les contrées septentrionales : les côtes d'Écosse en ont fourni de nombreux exemples.

Sans sortir de France, on peut également observer des modifications lentes dans l'état de nos côtes. Ainsi les côtes de l'Aunis et de la Saintonge subissent un mouvement lent de soulèvement : l'île de Noirmoutiers se rattache de plus en plus intimement au rivage ; — la Rochelle, jadis construite sur un rocher isolé, est absolument rattachée à la côte ; son ancien port, peu à peu fermé aux navires de fort tonnage, a dû être remplacé par un port en eau profonde. Au contraire, en d'autres points, la mer empiète peu à peu sur le rivage qui s'affaisse lentement ; les rochers du Calvados, situés maintenant au large de la côte nor-

1. Savants suédois ; le second fut un illustre botaniste (1707-1778).

mande, sont le dernier vestige d'un ancien rivage ; le Mont Saint-Michel, actuellement séparé de la côte, en faisait incontestablement partie à une époque peu reculée[1] ; les îles Chausey ont été elles-mêmes très voisines de la côte dont elles sont fort éloignées aujourd'hui, et il n'est pas jusqu'aux îles anglo-normandes qui n'aient dû faire partie du continent à une époque plus reculée encore.

On pourrait multiplier beaucoup ces exemples de mouvements de l'écorce terrestre ; mieux vaut chercher à en déterminer la cause. Elle se trouve probablement dans les ridements que doit subir l'écorce terrestre pour s'appliquer étroitement sur le noyau de matières ignées qu'elle recouvre, au fur et à mesure que ce dernier se contracte en se refroidissant. Hâtons-nous d'ajouter que certaines dépressions du sol peuvent avoir des causes tout à fait différentes. Ainsi l'affaissement lent du sol de la Hollande qui, en certains points, est au-dessous du niveau de la mer, paraît être simplement dû au tassement des alluvions qui le forment.

RÉSUMÉ

Les *sources thermales* doivent leur température élevée à leur origine profonde. Elles tiennent ordinairement en dissolution des substances chimiques qu'elles peuvent déposer sur les parois des roches encaissantes ; c'est probablement à une cause analogue qu'il faut attribuer l'origine des *filons métallifères*.

L'écorce terrestre éprouve deux sortes de mouvements : 1° *mouvements brusques* (tremblements de terre) ; 2° *mouvements lents*.

Les secousses d'un tremblement de terre se propagent à la surface du sol à la façon des ondes, à partir d'un point appelé *épicentre*, au-dessous duquel se trouve le *centre* réel du tremblement de terre, dans la partie solide de l'écorce terrestre.

Les tremblements de terre sont probablement dus à des infiltrations de matières ignées à travers des fissures de l'écorce terrestre jusque dans des cavités où les dégagements gazeux donnent lieu à des explosions.

Les mouvements lents de l'écorce terrestre sont de deux sortes : 1° mouvements de *soulèvement* ; 2° mouvements d'*affaissement*. Il faut probablement les attribuer aux ridements de l'écorce terrestre.

1. Il est vrai que les alluvions qui s'amoncellent dans la baie du Mont Saint-Michel tendent à le rattacher de nouveau au continent.

NEUVIÈME LEÇON

Principes de la stratigraphie.

Stratigraphie. — Le but principal de la géologie est de déterminer dans quel ordre et dans quelles conditions ont été formées les diverses roches (sédimentaires ou éruptives) qui composent l'écorce terrestre. Dans cette étude, à laquelle on donne le nom de *stratigraphie*, le géologue ne cherche pas à fixer l'*âge absolu* de chacune des formations qu'il rencontre, ou, en d'autres termes, la durée exacte des phénomènes qui ont amené notre globe à son état actuel (une pareille tâche dépasserait aujourd'hui ses moyens d'investigation) ; il se propose simplement de trouver les *âges relatifs* des diverses roches, c'est-à-dire d'établir aussi exactement que possible quelles sont, de deux roches données, la plus ancienne et la plus récente.

Age d'une assise sédimentaire; principe de superposition. — Lorsque, dans une section naturelle

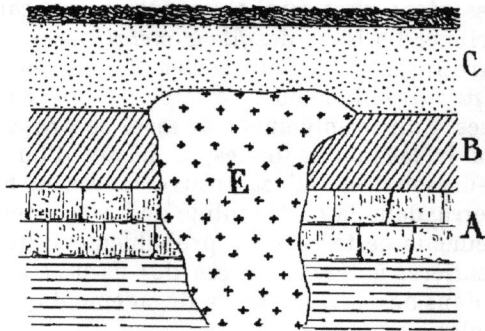

Fig. 60. — Age d'une roche sédimentaire.

du sol (falaise abrupte d'une côte, rive escarpée d'un cours d'eau, etc.), ou dans une excavation artificielle (puits, carrière, tranchée de chemin de fer, etc.), nous voyons (*fig.* 60)

deux assises sédimentaires (A et B), de natures différentes, exactement superposées l'une à l'autre suivant
une direction à peu près horizontale, il est bien évident
que celle de ces deux assises (B) qui recouvre l'autre (A)
s'est formée après elle, est, en un mot, plus récente. Ce
principe très simple (*principe de superposition*) est le meil-
leur guide dans l'évaluation des âges relatifs de deux
assises sédimentaires.

Lacunes. — Le principe de superposition serait d'une
application infaillible et suffirait à reconstituer, couche
par couche, toute l'histoire de la formation du globe, si la
composition de l'écorce terrestre était partout la même ; car
les observations faites en un point quelconque s'applique-
raient à tous les autres.

Il ne saurait en être ainsi.

La disposition des continents et des mers à une époque
donnée a fait que des sédiments se déposaient sur certains
points submergés par les eaux des mers, des lacs ou des
fleuves, tandis que les parties émergées n'étaient pour la
plupart le siège d'aucune sédimentation ; de sorte que la
succession des sédiments qu'on observe actuellement en
un point déterminé de l'écorce terrestre peut présenter des
lacunes, correspondant aux périodes pendant lesquelles ce
point a été émergé.

D'ailleurs, on remarque aujourd'hui que certains fonds
des océans ne reçoivent aucun dépôt (voir p. 37) ; et le même
phénomène a pu se passer en divers points submergés,
dans chaque période géologique.

De plus, certains sédiments déposés au sein des eaux
ont pu, postérieurement à leur émersion, être entièrement
détruits par les phénomènes d'érosion, et remplacés ensuite
par des sédiments plus récents.

Ce sont là deux causes nouvelles de lacunes dans la série
des assises sédimentaires qu'on observe en un seul point
de la surface terrestre. Il est donc nécessaire d'étudier le
plus grand nombre possible de points si l'on veut acquérir
une connaissance complète de l'histoire de la sédimentation.

Principe de continuité. — Quand on compare la succession des assises sédimentaires observées en deux points, même assez rapprochés, il faut remarquer que des dépôts exactement contemporains peuvent s'y présenter avec des aspects ou *facies* très différents : l'un d'eux, par exemple, peut être argileux, l'autre arénacé[1] ; il suffit, pour le comprendre, de nous rappeler ce qui se passe actuellement au voisinage des côtes (voir p. 36). On établira avec

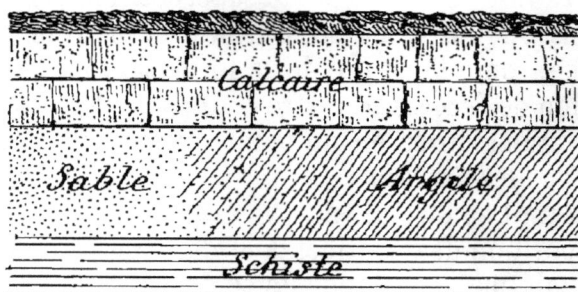

Fig. 61. — Facies différents d'un même dépôt; le dessin pointillé représente un sable, et les hachures obliques figurent une argile.

certitude le *synchronisme* de deux sédiments de nature différente, quand on pourra les suivre à l'intérieur du sol et constater qu'ils sont en *continuité* absolue (*fig.* 61). Malheureusement une semblable investigation est souvent rendue impossible par l'état de la surface du sol, et nécessiterait d'ailleurs des travaux considérables et coûteux. De plus, des sédiments, bien que synchroniques, peuvent être complètement séparés et discontinus à l'intérieur du sol.

Utilité des fossiles. — L'étude des fossiles, animaux ou végétaux, que peut renfermer une assise sédimentaire, fournira, dans tous les cas, les plus utiles renseignements sur son ancienneté. Quand on examine les fossiles qu'on retire en un même point de diverses profondeurs, on reconnaît en effet que ces fossiles diffèrent d'une assise à la suivante : chacune d'elles, en un mot, possède ses *fossiles caractéristiques*; elle a sa *faune* et sa *flore* propres.

1. Du latin *arena*, sable.

On admet, dès lors, que deux assises sédimentaires qui, observées en des points différents, se montrent chargées des mêmes fossiles, ont dû se former à peu près à la même époque.

Toutefois, dans l'application de cette règle, on doit s'attacher à considérer les espèces fossiles qui appartiennent à des dépôts de haute mer (*espèces pélagiques*)[1] plutôt que les espèces littorales ou lacustres; ce sont, en effet, les espèces pélagiques qui, vivant dans un milieu à peu près constant, se montrent le moins sensibles aux variations locales du sol ou du climat et sont le plus uniformément répandues dans les mers d'une période donnée.

L'examen des fossiles que contient un dépôt sédimentaire peut, de plus, nous éclairer sur les conditions de sa formation : si l'organisation de ces fossiles les rapproche d'espèces actuellement marines, le dépôt s'est formé dans une mer; si leur organisation les rapproche d'espèces qui habitent actuellement les fleuves ou les lacs, le dépôt est fluviatile ou lacustre.

Ce qui vient d'être dit permet d'apprécier les secours que l'étude des êtres qui ont vécu aux diverses époques géologiques, — la *paléontologie*[2], pour l'appeler par son nom, — peut apporter à la stratigraphie.

Fossilisation. — C'est ici le moment d'étudier les conditions de la *fossilisation*, c'est-à-dire de la transformation en fossiles des cadavres d'êtres vivants emprisonnés dans les dépôts de sédiment.

Le corps d'un animal comprend des parties molles (chair, peau, viscères, etc.) et des parties dures (os, dents, coquilles des mollusques, carapaces des crustacés, etc.). Les parties dures sont celles qui ont le mieux résisté à la destruction; quant aux parties molles, elles ont presque toujours disparu.

La fossilisation des parties dures s'est opérée de diverses

1. Du latin *pelagus*, haute mer.
2. Du grec παλαιός, prononcez *palaios*, ancien ; — ὤν, ὄντος, prononcez *ontos*, être (celui qui est); — λόγος, prononcez *logos*, discours; — étude des anciens êtres.

manières. Quelquefois elle se réduit, en particulier pour les coquilles et les ossements, à une simple altération qui en rend la substance plus friable, sans changer sa composition chimique. Plus souvent une nouvelle substance (calcaire, silice, etc.), apportée par une source ou répandue dans le sédiment tout entier, s'est substituée peu à peu à la matière primitive : la coquille ou le squelette a été littéralement *pétrifié*. Dans d'autres cas, une coquille a été remplie intérieurement par le sédiment qui l'enveloppait et qui en a pris ainsi un *moule interne*; il en a pris, d'autre part, à l'extérieur, un *moule externe*, et la coquille elle-même a pu disparaître plus tard, dissoute par des eaux d'infiltration; son empreinte seule a été conservée. Les êtres vivants peuvent laisser des traces encore plus vagues de leur passage, comme les empreintes de leurs pas. On attribue même le nom de « fossiles » aux traces qu'ont pu laisser des gouttes de pluie ou le clapotement des vagues à la surface d'une plage.

Classification des assises sédimentaires. — Le nombre des assises sédimentaires qu'une étude patiente fait reconnaître dans l'écorce terrestre est trop considérable pour qu'il ne soit pas nécessaire de les réunir, d'après leur ordre chronologique, en groupes d'importance croissante, de les *classer* en un mot.

Stratification concordante. — Quand plusieurs assises reposent les unes sur les autres en lits exactement parallèles (*fig.* 60), on dit que la *stratification* est *concordante*; et, comme cette concordance conduit généralement à penser que le dépôt de toutes ces assises n'a été marqué par aucune perturbation du sol, aucun déplacement de rivage, on les réunit ordinairement en un même groupe.

Il faut remarquer cependant que dans une série de sédiments, reposant les uns sur les autres en stratification concordante, on observe parfois des surfaces très nettes de séparation; ces surfaces paraissent usées et polies par l'action des eaux; elles portent, de plus, des trous très nombreux, semblables à ceux que produisent actuellement

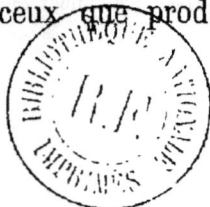

6

certains mollusques qui vivent fixés dans les rochers de nos
côtes (les pholades par exemple). L'existence d'une semblable surface prouve que le sédiment qu'elle termine a été
émergé pendant un temps prolongé ; il y a donc eu, pendant
ce temps, un arrêt dans la sédimentation, et cet arrêt nous
permet de distinguer deux périodes géologiques, l'une
antérieure, l'autre postérieure à l'émersion.

Stratification discordante. — Dans bien des cas la
disposition des sédiments est tout à fait différente (*fig.* 62).
Après une série de sédiments disposés obliquement, on
en observe d'autres dont la disposition est horizontale. On
dit alors que la *stratification* est *discordante*. Comme il est

Fig. 62. — Stratification discordante.

impossible d'admettre que les éléments d'une assise sédimentaire se soient déposés en pente, on doit supposer que
les sédiments de la première série ont d'abord été horizontaux, puis redressés par un bouleversement du sol qui a
précédé le dépôt de ceux de la deuxième série. Ce bouleve-
sement peut encore nous fournir le moyen de distinguer
deux périodes géologiques : celle qui a précédé le bouleversement, et celle qui l'a suivi.

Stratification transgressive. — Quelquefois la
stratification, sans être absolument concordante, n'est pas
nettement discordante ; elle est *transgressive* (*fig.* 63) : les
couches les plus inférieures sont légèrement relevées, et les
couches supérieures, restées horizontales, viennent reposer

sur les précédentes en s'amincissant progressivement. On explique cette disposition en supposant que le sol s'est sou-

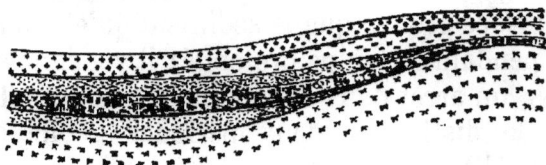

Fig. 63. — Stratification transgressive.

levé lentement pendant que les sédiments supérieurs se formaient encore.

Discordance paléontologique. — On ne doit pas attacher une importance exagérée aux dislocations ou aux soulèvements que l'écorce terrestre a pu subir au cours de son histoire; en effet ces phénomènes peuvent avoir été purement locaux et s'être fort peu étendus à la surface du globe. C'est encore l'étude des fossiles qui nous permettra d'établir avec le plus de certitude une limite tranchée entre deux séries consécutives de dépôts sédimentaires. Si, après une série de dépôts dont les fossiles présentent de grandes analogies, on passe brusquement à des dépôts qui renferment des fossiles tout à fait différents, si on rencontre — en un mot — une *discordance paléontologique,* on doit admettre que la faune du globe a subi une profonde modification entre le dépôt des premières assises et celui des dernières; on doit conclure, par suite, que ces deux séries de dépôts appartiennent à des périodes géologiques très différentes.

Formation des roches éruptives. — Ainsi, par les effets de la sédimentation, des assises se déposaient au sein de l'eau à la surface de la terre, accroissant extérieurement l'épaisseur de son écorce; pendant ce temps, le noyau fluide que celle-ci recouvre manifestait son activité par la formation de roches éruptives qui s'infiltraient dans les fissures de l'enveloppe stratifiée et, dans bien des cas, se faisaient jour à la surface extérieure.

Filons et massifs. — Les roches éruptives ainsi

formées ont rempli sur certains points des fissures produites dans les roches stratifiées, sans modifier la disposition de ces dernières; elles ont alors formé des *filons de
roches* (*fig.* 60). Dans d'autres cas, les masses de roches
éruptives, en se faisant jour au dehors, ont relevé sur leurs
flancs les sédiments voisins; elles constituent alors des
massifs éruptifs (*fig.* 68).

Âge d'une formation éruptive. — Deux remar-
ques fort simples guident le stratigraphe dans l'évaluation
de l'âge d'une formation éruptive.

Quand un filon de roches (*fig.* 60, E) traverse une ou
plusieurs assises sédimentaires (A, B) pour s'épancher au-
dessus d'elles, soit à la surface du sol, soit au-dessous
d'assises plus récentes (C), sa formation est certainement
postérieure à celle des assises qu'il traverse, antérieure
à celle des assises qui le recouvrent. Cette remarque
permet d'assigner à l'âge d'une roche éruptive une limite
inférieure et une limite supérieure; mais ces limites peuvent
être assez éloignées l'une de l'autre si les deux assises
qui les déterminent sont séparées par une lacune : elles
laissent alors planer une certaine indécision sur l'âge précis
de la roche éruptive.

Lorsqu'une assise sédimentaire (*fig.* 64, S) renferme, sous
forme de cailloux roulés et arrondis, des débris d'une roche
éruptive (E), l'épanchement de cette dernière est certaine-

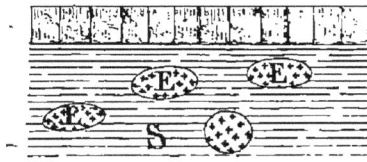

Fig. 64. — Roche sédimentaire
englobant une roche éruptive.

Fig. 65. — Roche éruptive
englobant une roche sédimentaire.

ment antérieur au dépôt de l'assise sédimentaire. Ce sont les
érosions de la mer où se formait cette assise qui ont arraché
des blocs de la roche éruptive pour les briser et les rouler.

Parfois, au contraire, on trouve (*fig.* 65), à l'intérieur

d'une roche éruptive (E), des fragments d'une roche sédimentaire (S) ; on peut affirmer alors que l'épanchement de la roche éruptive est postérieur au dépôt de la roche sédimentaire.

Age d'une chaîne de montagnes. — Il suffit d'observer la disposition tout à fait irrégulière des couches sédimentaires dans les régions montagneuses (*fig.* 66)

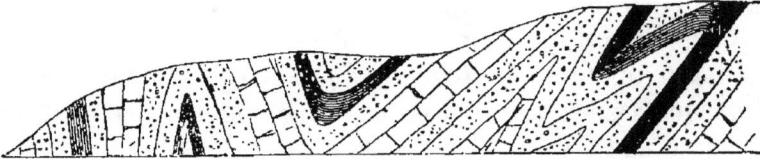

Fig. 66. — Dislocations du sol dans une région montagneuse.

pour s'assurer que la formation d'une chaîne de montagnes est due à une série de dislocations du sol. Il est une question qu'on doit se poser en géologie : à quelle époque remonte la dernière de ces dislocations? Ou bien, comme on dit, quel est l'âge de la chaîne de montagnes ?

Pour cela, il suffit encore de remarquer que, sur les dernières pentes de la chaîne de montagnes (*fig.* 67), cer-

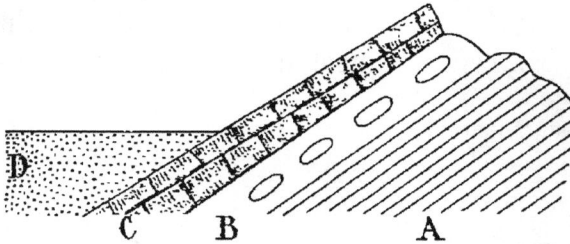

Fig. 67. — Age d'une chaine de montagnes.

tains sédiments sont relevés obliquement (A, B, C), tandis que d'autres, qui contribuent à former le sol de la plaine voisine, sont restés horizontaux (D). Il est certain que ceux-ci sont postérieurs à la dernière dislocation qui a déterminé le relief définitif de la chaîne de montagnes ; tous les sédiments disloqués lui sont au contraire antérieurs.

6.

Cartes géologiques. — Un procédé très utile aux études stratigraphiques est l'établissement des *cartes géologiques.*

Pour dresser la carte géologique d'une région, on suppose qu'on ait enlevé la terre végétale partout où les roches en sont couvertes ; puis on trace sur la carte les limites de l'espace occupé à la surface du sol par chaque formation sédimentaire ou éruptive ; enfin on couvre chaque espace d'une couleur conventionnelle destinée à représenter cette formation. On trouvera à la fin du volume une carte géologique de la France qui a été dressée de la sorte.

RÉSUMÉ

La *stratigraphie* a pour objet de déterminer les âges relatifs des roches sédimentaires et éruptives.

Le seul moyen de déterminer les âges relatifs de deux dépôts sédimentaires est l'application du *principe de superposition* : de deux sédiments superposés, le plus récent est celui qui recouvre l'autre.

Ce principe permettrait d'établir facilement la succession générale des assises sédimentaires, si cette succession était la même en tous les points du globe ; mais, en chaque point, il y a des *lacunes* dues principalement : 1° aux phénomènes d'*émersion* dont ce point a été le siège ; — 2° aux phénomènes d'*érosion* qui ont pu détruire des sédiments après leur formation.

D'ailleurs, une même assise sédimentaire peut présenter des aspects différents suivant les points où on la considère.

Dans tous les cas douteux, l'étude des fossiles ou *paléontologie* permet d'établir le synchronisme de deux sédiments : on admet que deux sédiments sont contemporains quand ils renferment à peu près les mêmes fossiles.

La paléontologie permet aussi de déterminer le mode de formation d'un sédiment (marin, lacustre, etc.).

Pour classer les assises sédimentaires, on peut utiliser leur mode de *stratification* (*stratification concordante, discordante, transgressive*). Mais on doit surtout utiliser l'étude des fossiles, qui permet de distinguer les périodes successives de l'histoire de la formation du globe.

Pour déterminer l'âge d'une formation éruptive, on étudie ses rapports avec les roches sédimentaires voisines.

On emploie avec avantage en stratigraphie des *cartes géologiques*, dans lesquelles on suppose la terre végétale enlevée, tandis qu'on représente chaque roche, sédimentaire ou éruptive, par une teinte conventionnelle.

DIXIÈME LEÇON

Le terrain primitif. — Caractères généraux des terrains primaires.

Comment a dû se former l'écorce terrestre.
— Nous avons vu que la terre, dans son état actuel, doit comprendre un noyau énorme de matières à l'état de fusion ignée, recouvert par une mince enveloppe solide.

Or, parmi les corps célestes qui nous entourent, il en est un grand nombre qui nous paraissent formés entièrement de matières ignées, ou du moins qui n'ont pas d'écorce solide : citons en premier lieu le Soleil, puis les étoiles, auxquelles les astronomes s'accordent aujourd'hui à assimiler le Soleil; celui-ci ne serait qu'une simple étoile, située assez près de nous pour nous paraître beaucoup plus volumineuse que les autres.

D'autres corps célestes, au contraire, nous paraissent être entièrement solides : la Lune est de ce nombre.

Tout nous porte à penser que la terre a dû, à ses débuts, se présenter sous la forme actuelle du Soleil. Puis, par refroidissement, s'est formée à sa surface une première pellicule, qui a séparé les matières ignées de l'atmosphère extérieure : c'est l'*écorce primitive* du globe.

Cette écorce, d'abord très fragile, a dû être rompue sur bien des points sous la poussée des matières fluides internes; cependant, au bout d'un certain temps, elle a dû acquérir une résistance plus grande.

Le noyau interne continuant à se refroidir, par suite à se

solidifier et à se contracter, l'écorce primitive a dû se rider pour le recouvrir exactement dans toutes ses parties. En même temps, la vapeur d'eau que devait contenir l'atmosphère terrestre s'est condensée par refroidissement, donnant naissance aux premières pluies, qui sont venues combler les dépressions de l'écorce primitive en formant les premiers océans. La surface du globe s'est dès lors trouvée séparée en mers et continents. L'action des mers et des pluies sur les continents a donné lieu aux premiers phénomènes d'érosion, et dans les mers se sont déposés les premiers sédiments.

Il est facile de comprendre la suite de l'histoire du globe : les dépôts sédimentaires se sont accumulés les uns au-dessus des autres de l'intérieur vers l'extérieur, tandis que l'écorce terrestre se laissait traverser, de temps en temps, par des formations éruptives dues à l'activité persistante du noyau de matières ignées. Si les choses continuent à se passer de même pendant une longue série de siècles, il est permis de supposer que le globe terrestre se solidifiera entièrement, passant ainsi à l'état où se trouve actuellement la Lune.

Le terrain primitif. — On donne le nom de *terrain primitif* à l'ensemble des roches qui ont formé par refroidissement la première pellicule de l'écorce terrestre. Ces roches doivent être riches en cristaux, comme la plupart des substances qui, après avoir été liquides à une haute température, passent par refroidissement à l'état solide ; de plus, comme elles ont dû se former régulièrement, les cristaux qu'elles contiennent doivent être disposés en couches parallèles. Il est à peine besoin d'ajouter que la température très élevée qui devait régner à la surface du globe, à l'époque de leur formation, s'opposait à toute manifestation de la vie : elles ne doivent donc pas contenir de fossiles. Remarquons enfin qu'il n'y a pas de raisons pour qu'elles diffèrent d'aspect aux différents points du globe : la cause qui les a produites agissait de même partout.

Sa constitution. — Quels moyens avons-nous de

retrouver actuellement ce terrain primitif et d'en étudier la composition ? En beaucoup de points il a dû être recouvert par une épaisseur considérable de sédiments plus récents; il faudrait donc, pour l'atteindre, creuser l'écorce terrestre jusqu'à une profondeur énorme. On peut espérer l'observer sur les points qui, ayant été émergés depuis le début de la formation de l'écorce terrestre, n'ont pas reçu de dépôts sédimentaires; mais ces points doivent être peu nombreux. Dans les régions où l'écorce terrestre a été profondément disloquée on peut espérer aussi que le terrain primitif a été ramené à la surface du sol, soulevé par des formations éruptives. C'est donc vers les sommets des grandes chaînes de montagnes qu'on devra en chercher les traces.

Or partout où il a été possible d'étudier la constitution géologique des grandes chaînes de montagnes qui sillonnent le globe on a observé (*fig*. 68), au-dessous des sédi-

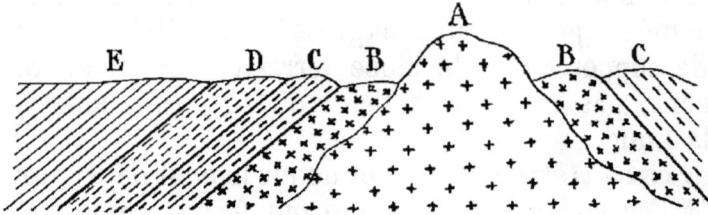

Fig. 68. — Terrain primitif.

ments les plus anciens, une succession régulière de roches cristallophylliennes : à la base un gneiss très voisin du granit (*gneiss granitoïde*, B), puis un gneiss plus feuilleté (C); au-dessus, des micaschistes (D), puis des schistes cristallins de natures diverses (E). Toutes ces roches ne présentent-elles pas les caractères que nous sommes en droit de chercher dans le terrain primitif? Leur présence constante dans toute l'étendue du globe au-dessous des plus anciens terrains de sédiment ne doit pas laisser de doute dans notre esprit : *ce sont les roches cristallophylliennes qui constituent le terrain primitif.*

Son extension. — Si on étudie la distribution du

terrain primitif à la surface du sol de la France[1], on remarque qu'il forme la majeure partie du Plateau Central avec quelques massifs qui lui sont annexés (Morvan, Cévennes, Montagne Noire). Il forme aussi en Bretagne deux bandes à peu près parallèles qui parcourent la péninsule de l'ouest à l'est : l'une commence au plateau des Cornouailles, dans le Finistère, traverse le département des

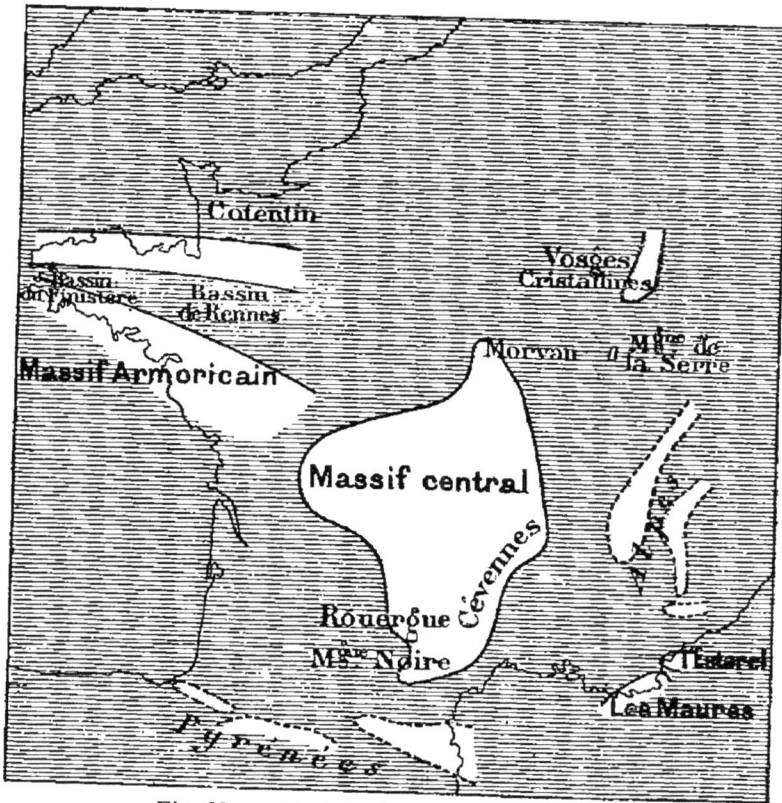

Fig. 69. — Massifs primitifs du sol français.

Côtes-du-Nord, celui d'Ille-et-Vilaine, la partie méridionale de la Normandie, et vient se terminer dans le voisinage d'Alençon; — l'autre, commençant dans le sud du Finis-

1. Voir la carte géologique à la fin du volume.

tère, traverse le Morbihan, la Loire-Inférieure et vient s'épanouir en Vendée. Le terrain primitif forme aussi la partie méridionale des Vosges : ce sont les *Vosges cristallines* (chaîne des Ballons). Le petit massif des Maures et de l'Esterel, en Provence, est aussi formé par des roches primitives. Les géologues ont des raisons sérieuses de penser que ces différents points du sol de la France sont restés émergés presque sans interruption depuis la formation de l'écorce primitive du globe; ce sont eux qui forment en quelque sorte le squelette de la France; dès lors, la carte ci-jointe (*fig.* 69) permet de se rendre compte approximativement de l'aspect que devait présenter, à cette époque reculée, l'espace occupé aujourd'hui par notre pays.

On peut remarquer que la chaîne des Pyrénées et celle des Alpes renferment aussi quelques bandes de terrain primitif; mais il y a lieu de penser que c'est à la suite de bouleversements ultérieurs que ces lambeaux de l'écorce primitive, d'abord recouverts par des sédiments plus récents, ont été ramenés au jour.

Ses formations éruptives. — Les assises du terrain primitif sont partout traversées par des filons de roches éruptives : parmi ces roches, il faut citer surtout le granit qui, on le voit, est une des plus anciennes roches que l'écorce terrestre ait rejetées par ses fissures.

Division des terrains de sédiment. — Parmi les terrains de sédiment qui se sont superposés au terrain primitif, on peut distinguer quatre séries successives, qui sont par ordre d'ancienneté décroissante : la *série primaire*, la *série secondaire*, la *série tertiaire*, la *série quaternaire* qui nous conduit aux dépôts actuels.

Série primaire. — Les *terrains primaires* reposent toujours sur des roches de la couche primitive; quand ils n'affleurent pas au niveau du sol, ils sont recouverts par des terrains secondaires, tertiaires ou quaternaires.

La série primaire peut être définie soit par la nature des

roches qui la forment, soit par celle des fossiles qu'elle contient.

Roches primaires. — Les roches qu'on rencontre dans les terrains primaires sont en général de couleur foncée; elles sont, de plus, très compactes, ce qui ne doit pas étonner quand on songe qu'elles ont été comprimées par toutes les roches de formation plus récente. Ce sont principalement des marbres, des schistes, des grès, des *quartzites* : une quartzite est une roche compacte, formée entièrement de quartz amorphe et opaque.

Fossiles primaires. — Le caractère essentiel des fossiles de la série primaire est d'appartenir non seulement à des espèces qui n'existent plus aujourd'hui, mais même à des groupes qui ont complètement disparu avec la fin de l'ère primaire. La plupart de ces groupes sont composés d'animaux marins.

Céphalopodes. — L'embranchement des *Mollusques* a été richement représenté dès les débuts de l'ère primaire; c'est surtout la classe des *Céphalopodes* qui a pris dès cette époque un développement bien supérieur à celui qu'elle a conservé de nos jours. On sait que cette classe comprend deux groupes : celui des céphalopodes *dibranchiaux* (ayant deux branchies), qui est assez bien représenté dans la nature actuelle (Seiche, Poulpe, etc.), et celui des céphalopodes *tétrabranchiaux* (ayant quatre branchies) qui n'est plus représenté dans la nature actuelle que par le genre Nautile, habitant certaines mers chaudes, l'Océan Pacifique par exemple. Or c'est précisément ce dernier groupe qui a eu dans les temps primaires un développement exceptionnel.

Le genre Nautile a fait dès lors son apparition; son existence s'est donc poursuivie à travers la longue série des périodes géologiques : il est dans la nature actuelle le dernier vestige de la faune primaire. Le Nautile (*fig.* 70) est enfermé dans une vaste coquille enroulée en spirale et divisée intérieurement par des cloisons en une série de loges dont les dimensions augmentent depuis la première, située au sommet de la spire, jusqu'à la dernière, qui seule sert d'habitation à l'animal; un long tube ou *siphon*, qui

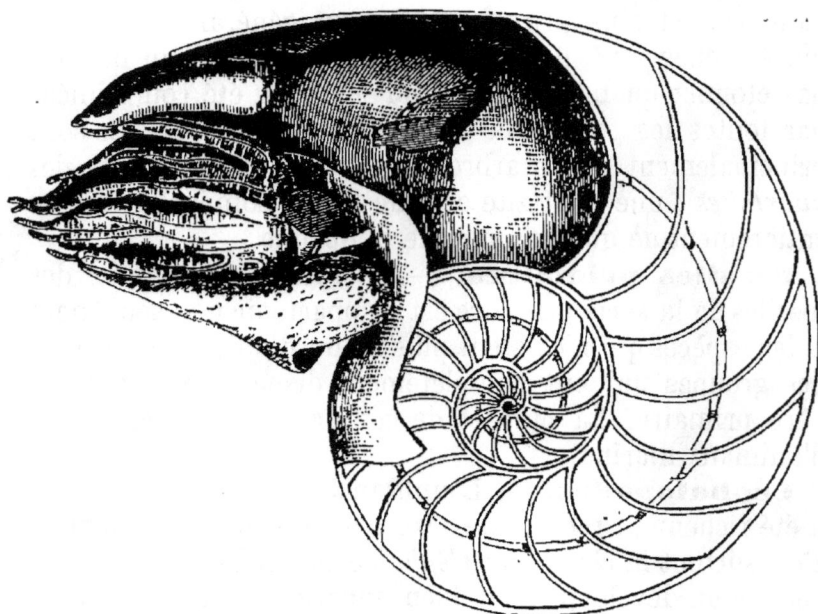

Fig. 70. — Nautile flambé (1/2 grandeur naturelle).
La coquille est fendue suivant son plan de symétrie.

perce successivement toutes les cloisons, établit une communication entre la première loge et la dernière, à travers toutes les autres. Le siphon, après avoir traversé la cloison qui limite la première loge, se termine contre la paroi même de celle-ci (*fig.* 71). On pense que l'animal, dans sa première jeunesse, habite une coquille simple et de forme conique; au fur et à mesure que cette coquille se développe et se contourne en spirale, l'animal, qui se tient toujours au voisinage de l'ouverture, forme

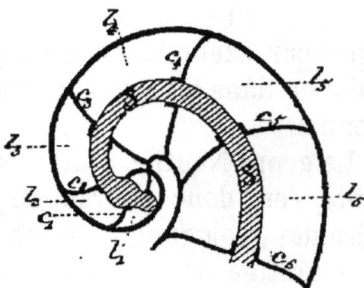

Fig. 71. — Premières loges du Nautile.

derrière lui des cloisons successives, destinées à l'isoler des parties qu'il a précédemment habitées. Un prolongement mou de son corps à travers le siphon le rattache au fond de la loge qui a été sa première habitation.

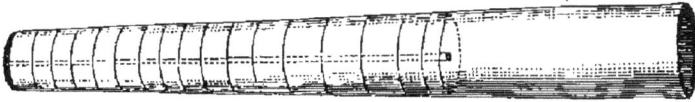

Fig. 72. — Orthoceras.

A côté du Nautile, dont la coquille est contournée en spirale, les terrains primaires renferment encore des débris de céphalopodes tétrabranchiaux dont la coquille était absolument rectiligne (les *Orthoceras*[1] par exemple, *fig.* 72). Entre cette forme et celle du Nautile existait toute une série d'intermédiaires : les *Cyrtoceras*[2], à coquille arquée, — les *Gyroceras*[3] (*fig.* 73), dont la coquille était déjà courbée en spirale, mais à tours disjoints.

Fig. 73. — Gyroceras.

Brachiopodes. — Le groupe des *Brachiopodes*, représenté par quelques genres dans la nature actuelle, comprend des animaux dont l'apparence extérieure rappelle ordinairement celle des *Mollusques bivalves*, l'Huître et la Moule par exemple : leur corps mou est enveloppé par une coquille formée de deux valves, articulées autour d'une charnière (*fig.* 74). En réalité, l'organisation des Brachiopodes est tout à fait différente de celle des Mollusques.

Chez un mollusque bivalve l'une des valves est située à droite du corps et l'autre à gauche, de sorte que dans le cas où le mollusque est fixé au rocher par une de ses valves, il est couché sur le côté; chez un brachiopode,

1. Du grec : ὀρθός, prononcez *orthos*, droit ; — κέρας, prononcez *kéras*, corne.
2. Du grec : κυρτός, prononcez *kurtos*, courbe ; — κέρας, prononcez *kéras*, corne.
3. Du grec : γυρός, prononcez *guros*, arrondi ; — κέρας, prononcez *kéras*, corne.

au contraire, une des deux valves est placée au-dessous
du corps, l'autre au-dessus]: il y a une valve inférieure

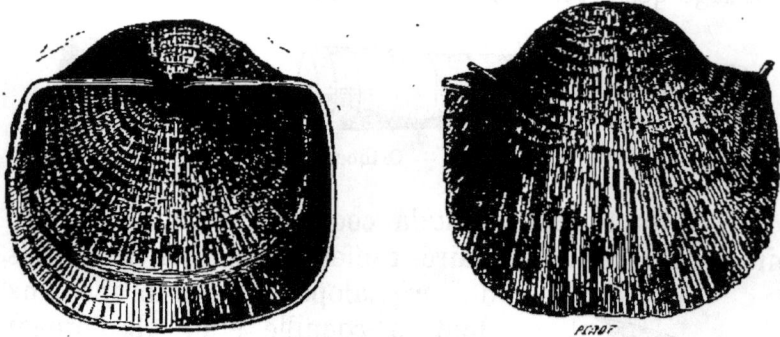

Fig. 74. — Brachiopode (valve supérieure et valve inférieure).

(*fig.* 75, I) et une valve supérieure (S). Chez un mollusque
bivalve, des muscles spéciaux sont destinés à fermer la
coquille; quand ces muscles se relâchent, la coquille

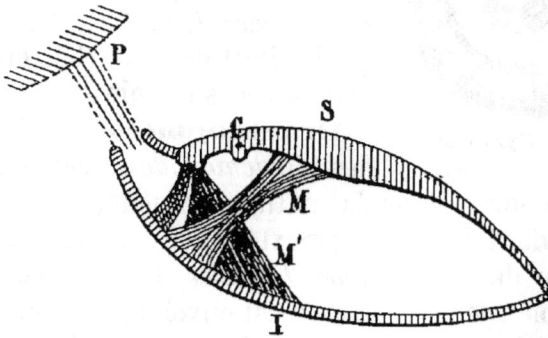

Fig. 75. — Coupe théorique de la coquille d'un Brachiopode
suivant son plan de symétrie.

s'ouvre : c'est ce qui arrive quand le mollusque est mort;
chez un brachiopode, au contraire, certains muscles sont
destinés à fermer la coquille (M), d'autres à l'ouvrir (M').
Un brachiopode porte de part et d'autre de la bouche deux
longs filaments enroulés en spirale, qu'il peut projeter au
dehors de sa coquille entr'ouverte; rien de semblable chez
les mollusques. Le groupe des Brachiopodes s'est très bien
développé dès le début des temps primaires.

Trilobites. — Le groupe le plus caractéristique des terrains primaires est celui des *Trilobites*.

Le corps d'un trilobite (*fig.* 76) se partageait dans le sens de la longueur en trois parties distinctes : le *céphalo-thorax* (*a*), l'*abdomen* (*b*), le *pygidium* (*c*).

Sur la face dorsale du Trilobite, on peut voir que le

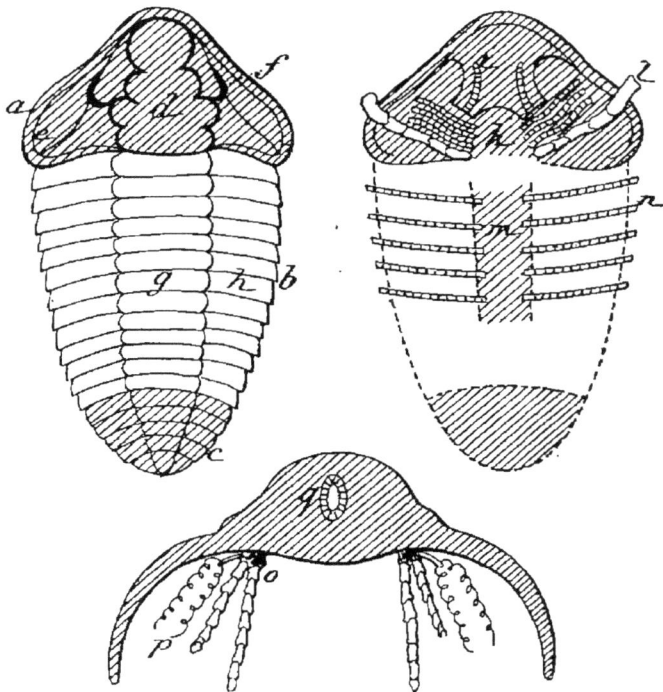

Fig. 76. — Trilobite ; aspect général du corps, vu par sa face dorsale et par sa face ventrale ; et coupe transversale.

céphalo-thorax est protégé par une sorte de bouclier fait d'une seule pièce ; l'abdomen est, au contraire, formé d'une série d'anneaux articulés comme ceux de l'abdomen d'une écrevisse ; enfin le pygidium porte des sillons transversaux, indice de la soudure d'anneaux originairement distincts. Dans chaque région du corps on peut reconnaître une partie moyenne, saillante, et deux parties latérales, déprimées, en un mot trois lobes disposés dans le sens de la largeur, d'où le nom de *trilobite*. Sur le céphalo-thorax, le lobe moyen est la *glabelle* (*d*) ; les lobes latéraux sont les *joues* (*e*) ; entre la glabelle et les joues se trouvent souvent deux *yeux* (*f*) en forme de croissants, à surface réticulée, en un mot des yeux composés comme ceux des Insectes.

Sur la face ventrale on peut voir que chacun des anneaux de l'abdomen porte une paire de pattes articulées (*n*) ; à la base et en dehors de chaque patte était fixée une branchie formée de filaments enroulés en spirale, dont on a pu observer l'empreinte sur certains fossiles très bien conser-

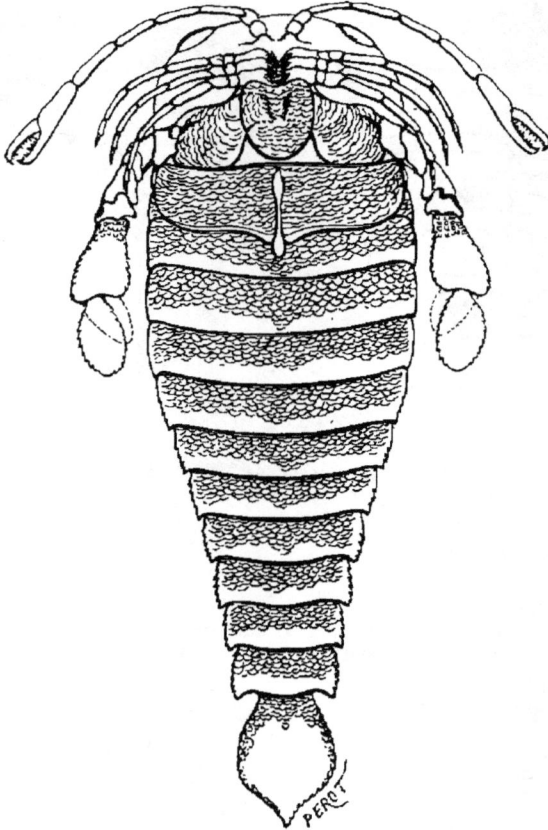

Fig. 77. — *Pterygotus anglicus.*

vés. La figure 76 montre, sur une coupe transversale de l'abdomen d'un trilobite, la disposition des pattes (*o*) et des branchies (*p*), protégées par les lobes latéraux de l'anneau qui a été coupé.

On voit par ce qui précède que le corps des Trilobites était couvert d'une carapace résistante et portait des pattes articulées, d'où on peut conclure que ces animaux étaient des Arthropodes ; de plus, ils respiraient à l'aide de branchies annexées aux pattes, ce qui permet d'ajouter que c'étaient des Crustacés.

D'autres Crustacés primaires sont assez voisins des Trilobites ; ce sont, par exemple, les *Pterygotus* (*fig.* 77).

Un animal qui, dans la nature actuelle, rappelle le groupe des Trilobites est la *Limule*, ou Crabe des Moluques, dont la figure 78 représente l'organisation générale.

Poissons. — Dans l'embranchement des Vertébrés, la seule classe qui ait été bien développée pendant l'ère primaire est celle

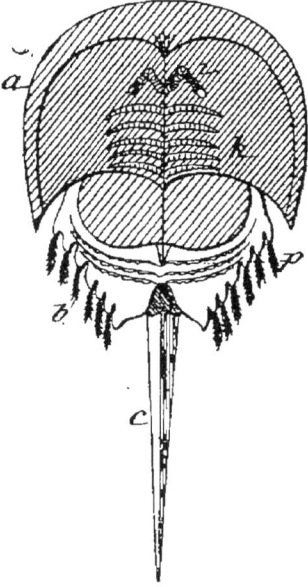

Fig. 78. — Limule, vue par sa face ventrale.

des *Poissons*. Les poissons primaires étaient généralement *hétérocerques*, c'est-à-dire que leur queue était formée de

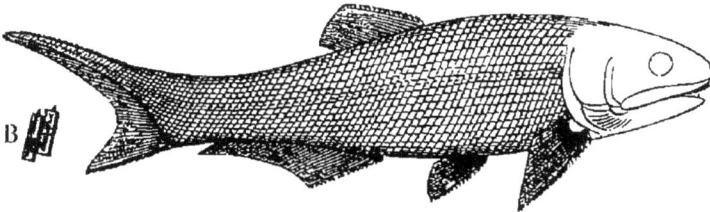

Fig. 79. — Poisson primaire (*Palæoniscus*) ; — B, écailles.

deux parties inégales (*fig.* 79). De plus, leur peau était généralement soutenue par des pièces résistantes, de nature osseuse, qui leur formaient une sorte de squelette externe,

tandis que leur squelette interne était assez mal développé
et réduit à l'état cartilagineux. Les ordres actuels auxquels
on peut rattacher les poissons primaires sont ceux des
Plagiostomes (Raie, Requin) et des *Ganoïdes* (Esturgeon).

Batraciens. — La classe des *Batraciens* a fait aussi
son apparition dans les temps primaires ; elle a été surtout
représentée par le groupe des *Labyrinthodontes*[1] (*fig.* 80).

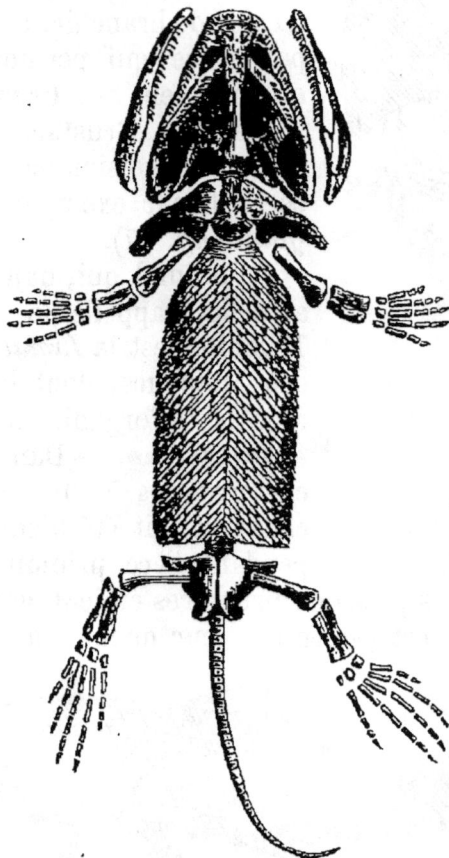

Fig. 80. — Labyrinthodonte (*Actinodon*), vu par sa face ventrale.

Le nom de ces animaux vient de la structure de leurs
dents, où l'émail formait à l'intérieur de l'ivoire des replis

---

1. Du grec : λαϐύρινθος, labyrinthe, prononcez *laburinthos* ; — ὀδούς, ὀδόντος,
prononcez *odontos*, dent.

très contournés (*fig.* 81). Certains Labyrinthodontes se tenaient presque exclusivement sur leurs pattes postérieures très fortes, comme font actuellement les grenouilles, de sorte que les traces qu'ils ont laissées sur

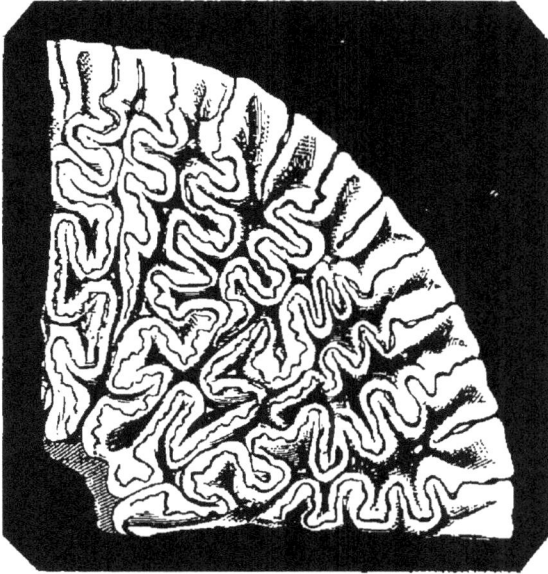

Fig. 81. — Dent de Labyrinthodonte (section transversale).

les vases des plages anciennes se composent de quatre empreintes de pattes, deux grandes et deux petites (voir *fig.* 121); ces empreintes ont été observées avant que l'animal lui-même fût connu.

Reptiles. — On a trouvé aussi dans les terrains primaires les restes de quelques *reptiles*; c'étaient des lézards à dents alvéolées et à vertèbres biconcaves.

On n'a trouvé jusqu'à ce jour dans les terrains primaires aucune trace d'oiseau ni de mammifère.

RÉSUMÉ

On admet généralement que le globe terrestre a été d'abord formé en totalité par des matières ignées. Le premier effet du refroidissement a été la formation d'une *écorce primitive.*

Le terrain qui constitue cette écorce (*terrain primitif*) comprend les *roches cristallophylliennes* (gneiss, micaschiste et schistes cristallins). On l'observe : 1° dans le Plateau Central, en Bretagne, dans les Vosges méridionales, dans le massif des Maures et de l'Esterel (ce sont les points du territoire de la France qui ont été émergés dès la fin de l'époque primitive); — 2° dans certaines parties des Alpes et des Pyrénées, où il a dû être ramené au jour par des dislocations ultérieures.

Le terrain primitif a été traversé par le granit.

Les terrains de sédiment comprennent quatre séries : *série primaire, série secondaire, série tertiaire, série quaternaire*.

La série primaire peut être caractérisée :

1° par la nature de ses roches : marbres, ardoises, quartzites, etc.;

2° par la nature de ses fossiles, dont beaucoup appartiennent à des groupes entièrement disparus : *Mollusques céphalopodes tétrabranchiaux* à coquille externe cloisonnée, droite (*Orthoceras*), arquée (*Cyrtoceras*), spiralée (*Gyroceras, Nautile*); — *Brachiopodes*; — *Trilobites* (Crustacés marins); — *Poissons hétérocerques* pourvus d'un squelette externe osseux et d'un squelette interne cartilagineux; — *Batraciens* (*Labyrinthodontes*); — *Reptiles* (*Lézards à dents alvéolées*).

ONZIÈME LEÇON

Les terrains primaires.

Terrains primaires. — On peut distinguer dans la série primaire trois terrains : le *terrain silurien*, le *terrain dévonien* et le *terrain permo-carbonifère*.

Terrain silurien. — Le terrain silurien, le plus ancien des trois, tire son nom de celui des *Silures*, peuplade qui habitait à l'époque gallo-romaine près de l'embouchure de la Severn, en Angleterre, où il a été particulièrement bien étudié. Il est remarquable par l'uniformité très grande des faunes qu'on y rencontre : sur tous les points du globe où on a pu étudier le terrain silurien, ce sont à peu près les mêmes fossiles qu'on a trouvés. Ces

7.

fossiles appartiennent surtout au groupe des Trilobites, à celui des Nautilides, enfin à celui des *Graptolithes*[1] : les Graptolithes (*fig.* 82) étaient probablement assez analogues à des polypiers : leurs parties dures, conservées à l'état fossile, se composent d'un axe supportant une série de

Fig. 82. — Graptolithe.

Fig. 83. — Trous de vers.

petites loges dont chacune devait contenir un animal; tous ces animaux formaient une colonie.

Sa division en étages. — Les différentes assises du terrain silurien peuvent être groupées en trois étages.

On donne quelquefois à l'étage inférieur le nom spécial de *terrain cambrien*[2]. Il débute par des assises presque entièrement dépourvues de fossiles, *azoïques*[3] comme on dit en un mot : c'est à peine si on y observe quelques traces de vers marins, et en particulier des tubes recourbés en U et ouverts à leurs deux bouts (*fig.* 83); ces tubes servaient

1. Du grec : γραπτός, prononcez *graptos*, tracé; — λίθος, prononcez *lithos*, pierre; — « pierre couverte d'écriture ».
2. *Cambriens*, nom donné par les Romains aux Gaëls, qui habitaient le sud-ouest de la Grande-Bretagne.
3. Du grec : ἀ privatif; — ζῶον, prononcez *dzôon*, animal; — « sans animaux ».

probablement d'habitations à des vers qui vivaient enfouis
dans la vase, comme on peut l'observer aujourd'hui chez
quelques espèces de nos plages. Les assises plus récentes
du terrain cambrien sont au contraire extrêmement riches
en fossiles; on y trouve en particulier de nombreux trilobites du genre *Paradoxides* : dans ce genre de trilobites
(*fig.* 84), les anneaux de l'abdomen sont nombreux; les

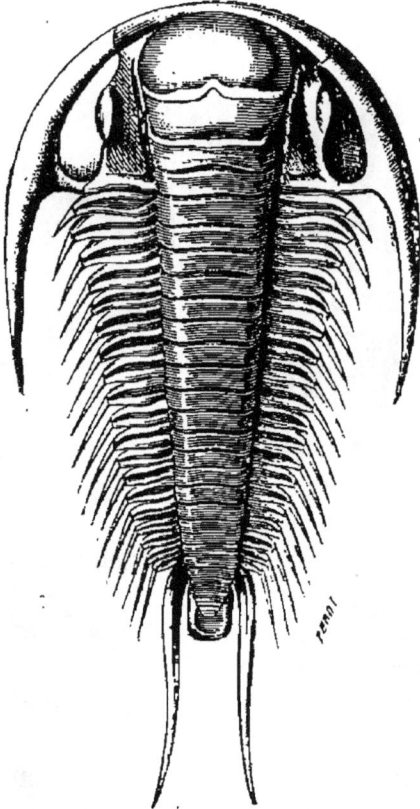

Fig. 85. — Trinucleus.

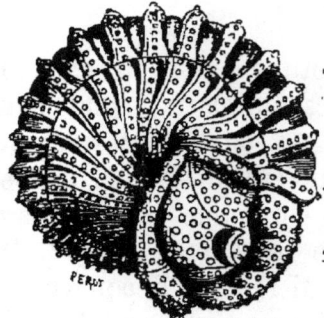

Fig. 84. — Paradoxides.

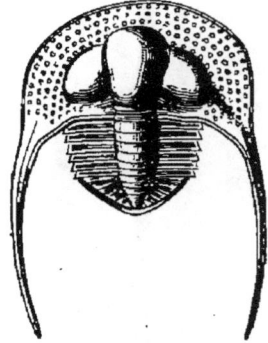

Fig. 86. — Calymène enroulée
sur elle-même.

joues se prolongent par deux longues pointes, dirigées en
arrière (*pointes génales*[1]); de même les anneaux de l'abdomen se prolongent sur leurs flancs par des épines dont la

1. Du latin *gena*, joue.

dernière paire est la plus longue ; les yeux font défaut.

L'étage moyen du terrain silurien possède une faune très riche en trilobites : un genre caractéristique de cet étage est le genre *Trinucleus* (*fig.* 85), dans lequel les anneaux de l'abdomen sont peu nombreux et le céphalo-thorax très grand ; la glabelle porte trois lobes ou noyaux saillants (d'où le nom de *Trinucleus*) ; tout le pourtour du céphalo-thorax est semé de ponctuations ; deux longues pointes génales dépassent de beaucoup l'extrémité postérieure du corps ; les Trinucleus sont encore des trilobites aveugles. Une *Calymène* (*Calymene Tristani*) caractérise aussi le silurien moyen. Les Calymènes (*fig.* 86) sont des trilobites munis d'yeux bien développés, dépourvus de pointes génales, dont les trois parties du corps sont bien proportionnées et qui se trouvent souvent enroulés sur eux-mêmes à la façon des Cloportes actuels.

Une autre espèce de Calymène (*Calymene Blumenbachi*) caractérise l'étage silurien supérieur ; mais celui-ci est surtout remarquable par l'abondance des Graptolithes.

Son extension. — Le terrain silurien se rencontre sur différents points du territoire de la France. On se rappelle que la région armoricaine a été occupée dès la fin de la période primitive par deux bandes parallèles de schistes cristallins émergés ; ces deux bandes ont déterminé de bonne heure la formation de trois bassins naturels : le *bassin du Finistère*, dont le centre occupait à peu près la position actuelle de Brest ; — le *bassin de Rennes* ; — le *bassin du Cotentin*. Dans ces trois bassins se sont déposés des sédiments siluriens ; ces sédiments, émergés plus tard, ont formé, par exemple, le *grès armoricain*, qui constitue les sommets principaux des monts d'Arrée, et les *ardoises d'Angers*, riches en Trinucleus, exploitées activement à Trélazé, près d'Angers.

On trouve aussi des roches siluriennes dans la région de l'Ardenne ; ce sont les ardoises de Fumay, de Deville, de Revin, qui remontent à l'époque cambrienne, et sur lesquelles repose directement le terrain dévonien. De l'absen

des deux étages supérieurs du terrain silurien dans cette
région on a conclu que le massif de l'Ardenne avait été
émergé après l'époque cambrienne.

On trouve également le terrain silurien en Angleterre,
dans le Pays de Galles, — en Suède, — en Bohême, où sa
faune a été très bien étudiée par un Français, M. Bar-
rande.

Terrain dévonien. — Le *terrain dévonien* tire son
nom du comté de *Devon*, en Angleterre, où il est très développé et bien connu. Les faunes du terrain dévonien sont
encore assez uniformes, bien qu'elles le soient moins que
celles du terrain silurien : on observe déjà des différences
assez sensibles quand on étudie les faunes dévoniennes de
deux régions un peu éloignées ; cette remarque laisse à
penser que les continents, à peine indiqués à l'époque silu-
rienne, ont dû s'étendre et s'accentuer davantage à l'époque
dévonienne, divisant ainsi les vastes océans de l'époque

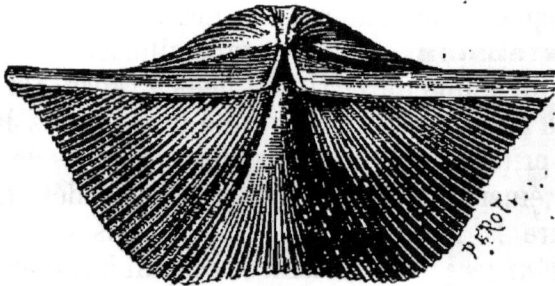

Fig. 87. — Spirifer.

précédente en des mers plus limitées dont chacune tendait
à acquérir sa faune propre.

Parmi les fossiles caractéristiques de l'époque dévonienne, il faut citer les brachiopodes du genre *Spirifer*
(*fig.* 87) : chez eux la charnière qui unit les deux valves de
la coquille est presque rectiligne ; la coquille tout entière
est très étalée dans le sens de la largeur ; de plus, elle contient intérieurement un appareil calcaire formé de deux

spirales opposées (*fig.* 88), qui servaient probablement à
soutenir les bras voisins de la bouche[1]. C'est aussi à

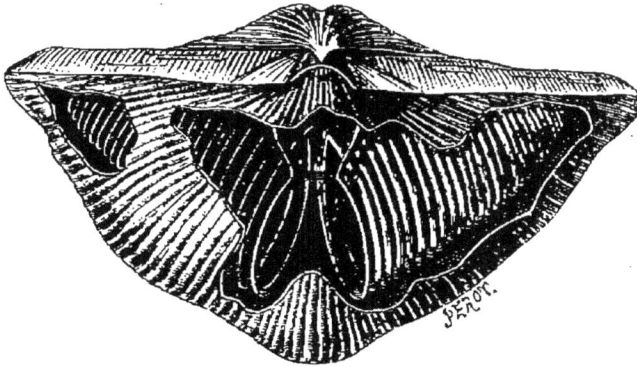

Fig. 88. — Spirifer ouvert.

l'époque dévonienne que les Poissons (*fig.* 89) ont fait leur
apparition.

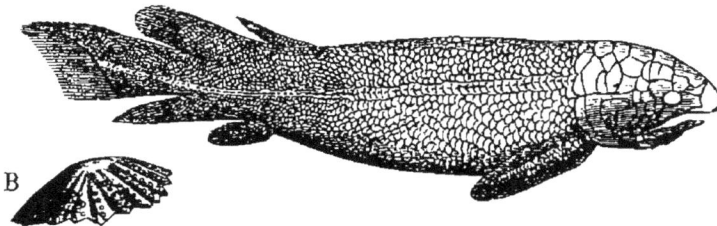

Fig. 89. — Dipterus (1/3 grandeur naturelle, poisson dévonien); — B, dent.

Sa division en étages. — Le terrain dévonien peut
être décomposé en trois étages.

L'étage inférieur est caractérisé par un curieux fossile,
le *Pleurodictyum problematicum* (*fig.* 90); c'est un polypier dont l'empreinte a, dans son ensemble, une forme
elliptique; les loges, communiquant entre elles par des
canalicules très fins, sont disposées en rayonnant à partir
du centre, qui est généralement occupé (chose bizarre) par

1. D'où le nom de *Spirifer* : qui porte des spirales.

une empreinte de ver marin : celui-ci vivait probablement associé au polypier ; de semblables associations s'observent dans la nature actuelle.

Fig. 90. — Pleurodictyum problematicum.

Dans l'étage moyen se trouve un autre polypier, de forme toute différente : c'est le *Calceola sandalina* (*fig.* 91). Il se compose d'une sorte de cornet en forme de sandale (d'où son nom), dont l'ouverture était fermée par un couvercle

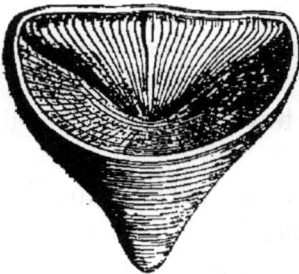

Fig. 91. — Calceola sandalina.

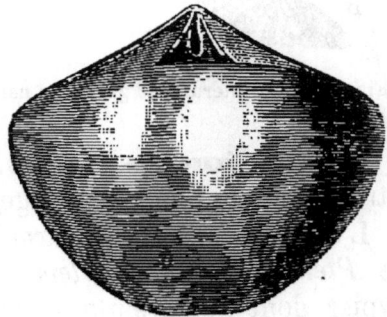

Fig. 92. — Strigocephalus Burtini. (1/2 grandeur naturelle.)

mobile. Le dévonien moyen est aussi caractérisé par un brachiopode dont la valve inférieure est recourbée en forme

de crochet très aigu (*Strigocephalus*[1] *Burtini* (*fig.* 92).
Le *Spirifer Verneuili* (*fig.* 93) caractérise l'étage dévonien supérieur.

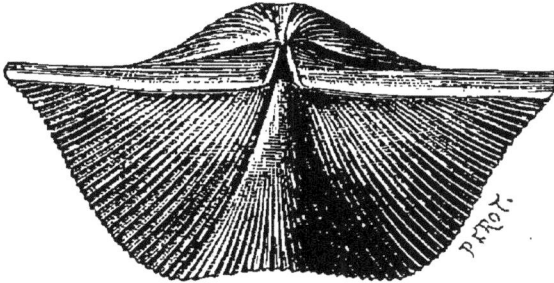

Fig. 93. — Spirifer Verneuili.

Son extension. — C'est surtout dans l'Ardenne qu'il
faut aller étudier le terrain dévonien si on veut se rendre
compte de sa constitution. Quand on suit les bords de la
Meuse depuis Mézières
jusqu'à Givet, près de
la frontière belge, après
avoir observé les ar-
doises cambriennes re-
dressées, on voit succes-
sivement toutes les
assises dévoniennes
plonger vers la Belgique,
où elles vont former le
fond d'une cuvette natu-
relle remplie par des
sédiments plus récents.

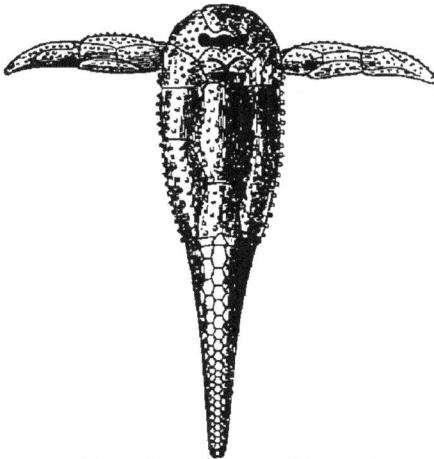

Fig. 94. — Pterichthys (1/3 grandeur
naturelle).

Le terrain dévonien
se rencontre aussi en
Bretagne et surtout dans les Pyrénées, où il est représenté par différentes variétés de marbres activement

1. Du grec : στρίγξ, στριγγός, prononcez *striggos*, orfraie, — κεφαλή, prononcez *képhalè*, tête ; parce que la coquille, avec son bec recourbé, ressemble
un peu à une tête de chouette.

exploités : le *marbre griotte*, de couleur rouge, le *marbre campan*, de couleur verte, etc.

On le trouve aussi en Allemagne, dans le massif de l'Eifel, voisin de l'Ardenne, — en Angleterre (dans le comté de Devon, par exemple), — en Ecosse, où il est représenté par un grès de couleur rouge, très riche en poissons (*Cephalaspis, Pterichthys (fig. 94), Coccosteus*, etc.); différents indices permettent de penser que ce dépôt, désigné par les géologues du nom de *vieux grès rouge (old red sandstone)*, s'est formé sur les bords d'un vaste continent qui devait occuper, à l'époque dévonienne, tout le nord de l'Europe.

Terrain permo-carbonifère. — Le *terrain permocarbonifère* est caractérisé par la présence de Brachiopodes appartenant au genre *Productus (fig. 95)* : chez les Productus les deux valves de la coquille sont recourbées dans le même sens, et emboîtées l'une dans l'autre de manière à rendre concave la face externe de la valve

Fig. 95. — Productus horridus.

supérieure; elles sont, de plus, très épaisses et laissent par suite un espace très étroit pour le corps de l'animal, qui devait être très réduit; la coquille porte souvent à l'extérieur des piquants très longs et creusés intérieurement de cavités dans lesquelles devait se prolonger le corps. C'est à l'époque permo-carbonifère qu'ont apparu les Labyrinthodontes et les Lézards à dents alvéolées.

La houille. — Mais ce qui imprime surtout au terrain permo-carbonifère son caractère propre, c'est la présence du combustible minéral connu sous le nom de *houille*, ou charbon de terre. La houille renferme une forte proportion de carbone, mélangé de carbures d'hydrogène qui sont volatils. La houille, comme on le sait, est employée, à cause de la présence de ces carbures, pour la fabrication du gaz d'éclairage ; on l'utilise aussi comme source de chaleur en la brûlant dans les foyers : quand elle est riche en carbures

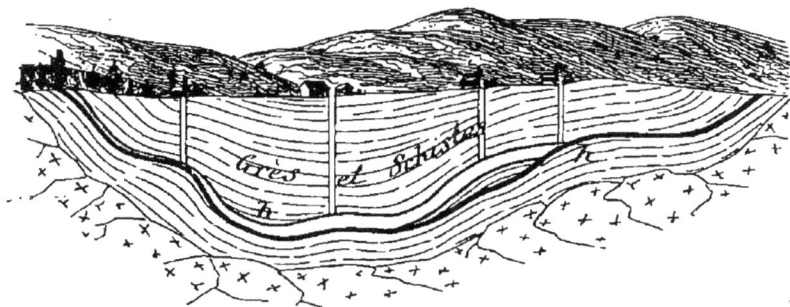

Fig. 96. — Coupe d'un bassin houiller.

volatils, elle brûle avec beaucoup de flamme et de fumée,

Fig. 97. — Feuille de fougère de la houille.

Fig. 98. — Calamites (1/2 gr.).

et convient surtout à la fabrication du gaz ; quand elle est

pauvre en carbures volatils, elle brûle avec peu de flamme
et de fumée, mais dégage plus de chaleur. On appelle
anthracite une variété de houille très sèche ayant un éclat

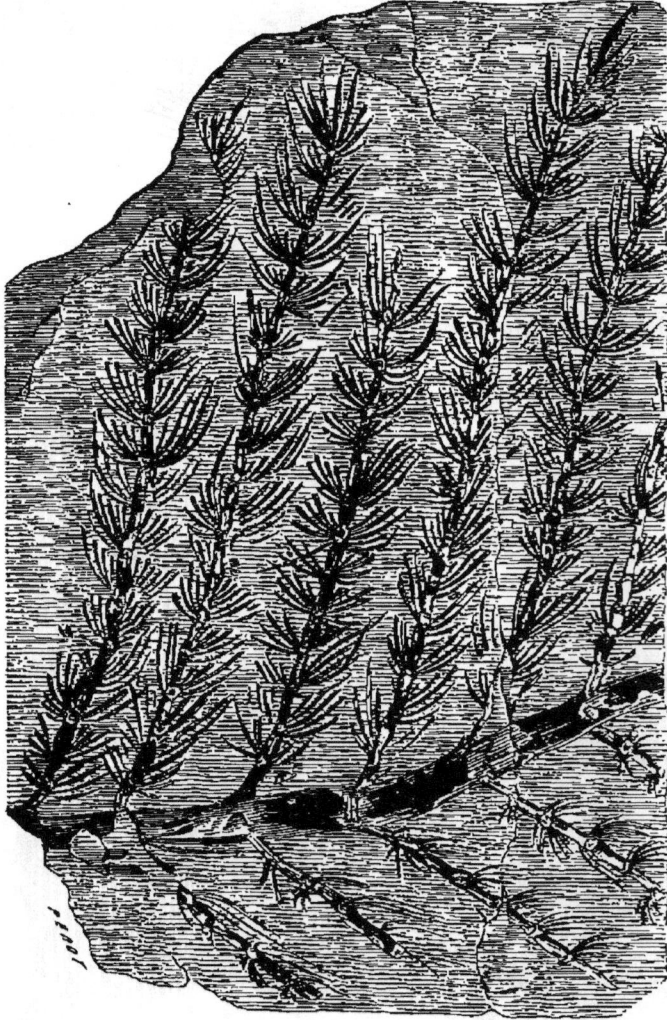

Fig. 99. — Asterophyllites.

métallique, qui s'allume difficilement, brûle sans flamme
ni fumée, mais produit beaucoup de chaleur.

La houille se trouve généralement à l'intérieur du sol,

emprisonnée, en lits plus ou moins épais, entre des couches
de schistes ou de grès (*fig.* 96). C'est pour atteindre et ex-
ploiter ces lits qu'on creuse des puits verticaux, puis des
galeries horizontales à une profondeur souvent considérable (plusieurs centaines de mètres).

Flore de la houille. — On observe fréquemment,
soit dans la masse de la houille, soit à la surface de séparation de la houille et du schiste ou du grès, de nombreuses empreintes végétales. Les plantes qui ont laissé ces
empreintes appartenaient surtout à l'embranchement des
Cryptogames à racines : c'étaient, par exemple, des *Fougères* (*fig.* 97), les unes herbacées, les autres arborescentes,
dont les feuilles, très découpées, affectaient les formes les
plus diverses; ou bien des *Equisétacées*, plantes du groupe
des Prêles actuelles, mais de taille beaucoup plus grande
(*Calamites*, *fig.* 98, *Asterophyllites*, *fig.* 99); ou bien encore
des *Lycopodiacées*, plantes du groupe des Lycopodes ac-

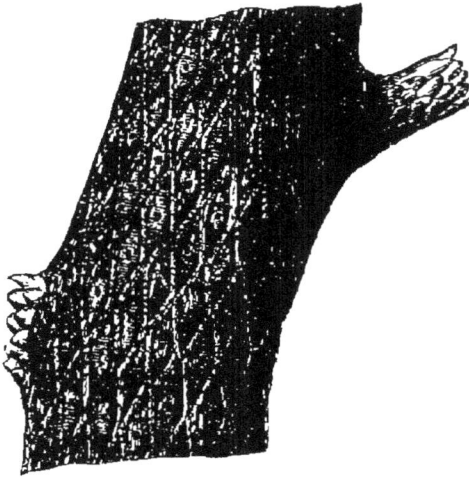

Fig. 100. — Lépidodendron.

tuels, mais aussi de taille beaucoup plus grande (*Lépidodendrons* et *Sigillaires*); dans les empreintes de Lépidodendrons (*fig.* 100), la surface de la tige est divisée régu-

lièrement en espaces de forme losangique, dont chacun
porte en son centre la trace d'une feuille; dans les Sigillaires (*fig.* 101) les traces de feuilles, affectant l'aspect de
marques laissées par l'impression d'un sceau, sont disposées en séries régulières au fond de cannelures longi-
tudinales. Quelques-unes des plantes dont les empreintes

Fig. 101. — Sigillaria.
(1/2 grandeur naturelle.)

Fig. 102. — Cordaïtes.

se retrouvent dans la houille étaient des Phanérogames :
elles appartenaient au sous-embranchement des *Gymno-*
spermes; de ce nombre sont les *Cordaïtes* (*fig.* 102). Mais
aucune n'appartenait au sous embranchement des *Angio-*
spermes, plantes pourvues de fleurs bien constituées, dont
les ovules sont enfermés dans un ovaire.

D'une manière générale, on peut dire que la flore de la houille est plus remarquable par sa profusion que par sa variété.

Formation de la houille. — Cette abondance d'empreintes végétales dans la houille, rapprochée des observations qu'on peut faire actuellement sur la formation de la tourbe, a conduit à penser que la houille doit être le produit de la décomposition partielle, au sein de l'eau ou sous la terre, de débris végétaux arrachés aux forêts qui couvraient les continents de l'époque permo-carbonifère. Cette transformation de débris végétaux en une matière combustible s'est-elle produite sur place, là où avaient vécu les plantes qui ont fourni les débris? ou bien ces débris ont-ils été transportés par des pluies torrentielles à une distance considérable de leur lieu d'origine jusqu'au fond de dépressions du sol où ils se sont accumulés pour s'y carboniser? Les deux opinions ont été soutenues. Il y a, par exemple, des lits de houille dans lesquels on retrouve des tiges entières dressées verticalement et fixées par leurs racines à la roche sous-jacente : il est alors permis de penser que la plante s'est décomposée sur place. Il est probable que les deux hypothèses sont également admissibles : tantôt la houille s'est formée sur place, tantôt elle s'est formée à la suite de phénomènes de transport.

Division du terrain permo-carbonifère en étages. — On peut distinguer dans le terrain permo-carbonifère trois étages.

L'étage inférieur, ou *calcaire carbonifère*, est composé en grande partie de calcaires noirs riches en fossiles marins (Productus); par exemple, on peut citer le *calcaire de Tournai*. C'est un dépôt dont l'origine est certainement marine, et qui correspond à une dépression très marquée du nord de l'Europe : divers indices permettent de penser que le continent dévonien avait été remplacé, au début de l'époque permo-carbonifère, par un vaste océan dont les traces ont été observées jusqu'au Spitzberg.

Le calcaire carbonifère est représenté sur certains points

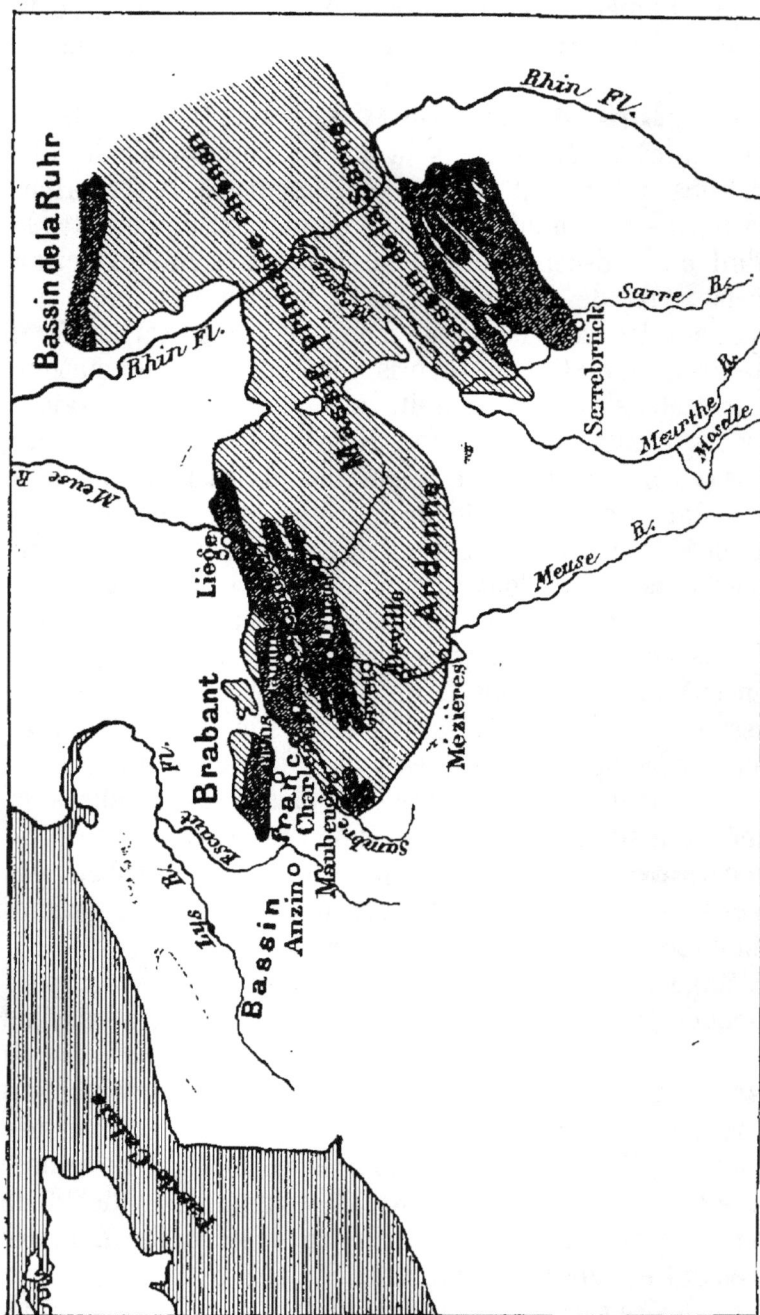

Fig. 103. — Répartition des bassins houillers autour du massif primaire rhénan. — Les hachures claires représentent les terrains primaires plus anciens que la houille; les hachures-foncées représentent les bassins houillers.

par des dépôts riches en anthracite : c'est la plus ancienne des variétés de houille.

L'étage moyen, ou *étage houiller*, est le plus riche en houille proprement dite. C'est lui qui forme, en particulier, le vaste bassin houiller de la Belgique et du nord de la France (*bassin franco-belge*) et les petits bassins situés sur le pourtour du Plateau Central de la France.

Au bassin franco-belge (*fig.* 103) appartiennent les mines d'Anzin, celles des environs de Mons, de Charleroi, de Dinant, de Namur; il se continue en Allemagne par le bassin de la Ruhr. La plupart des bassins du Plateau Central (*fig.* 104) forment à celui-ci une véritable ceinture (bassins d'Autun, de Blanzy, de Saint-Etienne, d'Alais, de Graissessac, de Carmaux, de Decazeville, de Brive); d'autres sont distribués à l'intérieur du plateau le long d'une fissure qui le traverse du nord au sud (Decize, Commentry, Mauriac).

Dans le bassin franco-belge, plus ancien que les bassins du Plateau Central, les lits de houille sont très étendus, d'épaisseur assez faible, et alternent régulièrement avec des dépôts marins qui leur sont intercalés. Ceci conduit à penser qu'à l'époque houillère un exhaussement partiel du sol avait transformé cette région en un vaste système de lagunes dans lesquelles la mer a pénétré à diverses reprises, à la suite de quelques affaissements : chaque affaissement a été suivi du dépôt d'une couche marine, chaque relèvement de la formation d'un lit de houille dont les éléments étaient empruntés aux forêts qui couvraient les bords des lagunes.

Dans les petits bassins du Plateau Central de la France, les lits de houille sont plus épais, moins étendus et entremêlés de dépôts d'alluvion dans lesquels on reconnaît la trace évidente des actions torrentielles; on peut penser que la houille de cette région a été formée, à la suite de phénomènes de transport, par les débris arrachés aux forêts qui couvraient le Plateau Central.

La houille du bassin franco-belge est surtout riche en

Sigillaires ; celle du Plateau Central, plus récente, est plutôt
caractérisée par les Fougères.

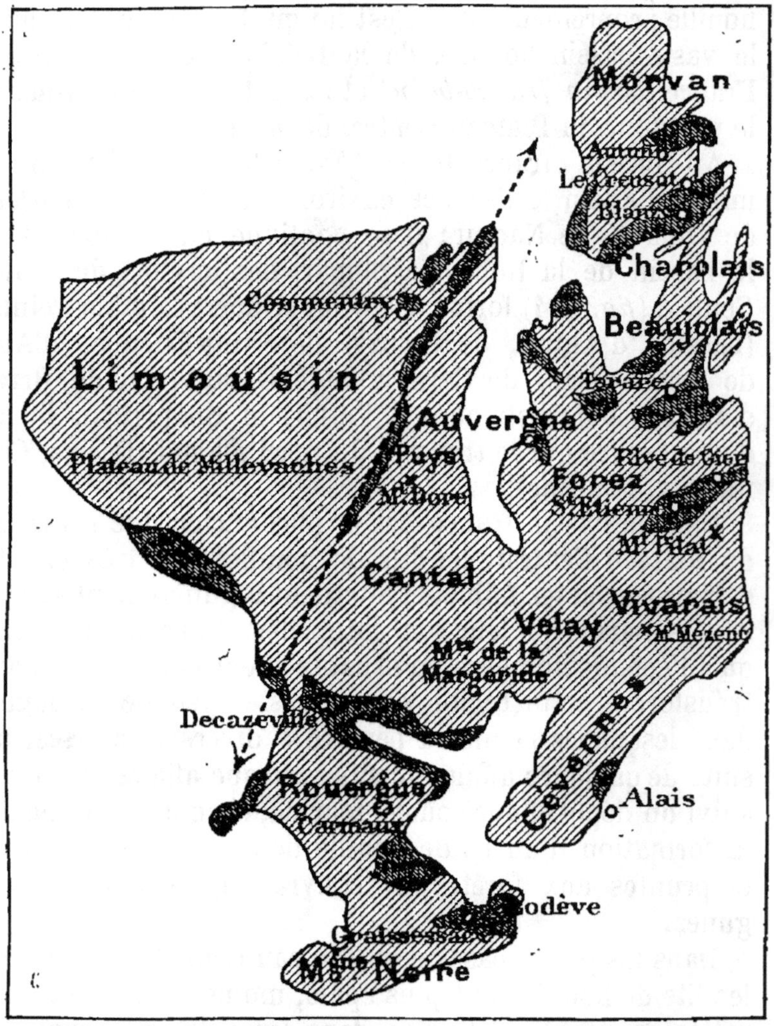

Fig. 104. — Répartition des bassins houillers autour du Plateau central de la
France. — Les hachures claires représentent les terrains primaires plus anciens que la houille ; les hachures foncées représentent les bassins houillers ;
le trait pointillé représente la fissure qui coupe le plateau central du nord au
sud.

L'étage supérieur du terrain permo-carbonifère est l'étage
permien ; il tire son nom de la ville de Perm, voisine de

8

l'Oural, en Russie, à cause du grand développement qu'il présente dans cette région. On l'appelle aussi quelquefois étage *pénéen*[1], parce qu'il est très pauvre en fossiles : il est caractérisé cependant par la présence du *Productus horridus* (*fig.* 95). Il est formé en général d'un grès rouge et d'un calcaire magnésien que les géologues allemands appellent *Zechstein*. Cet étage est à peine représenté en France : on en trouve, par exemple, des lambeaux près de Lodève, dans l'Hérault.

L'état de la surface supérieure des dépôts permo-carbonifères a permis de tirer cette conclusion générale, que la fin de l'époque permienne a dû être marquée par une émersion générale du sol de la France.

Éruptions primaires. — Pendant toute la série des temps primaires un grand nombre de roches éruptives ont traversé les fissures de l'écorce terrestre et se sont solidifiées. Ce sont d'abord les granits et les granulites, qui avaient déjà fait leur apparition pendant la période primitive; puis les diorites, les diabases; enfin toute la série des roches porphyriques.

RÉSUMÉ

On peut distinguer trois terrains primaires.

1. — Le terrain *silurien* (faunes très uniformes : *Graptolithes*) peut être décomposé en trois étages :

1º Étage inférieur ou *cambrien* (Trilobites du genre *Paradoxides*);

2º Étage moyen (Trilobites du genre *Trinucleus*);

3º Étage supérieur (Graptolithes).

Le terrain silurien se rencontre en Bretagne (*grès armoricain*), en Anjou (*ardoises d'Angers*), dans l'Ardenne (*ardoises de Fumay*).

II. — Le terrain *dévonien* (faunes encore assez uniformes : poissons) peut être décomposé en trois étages. Il se rencontre dans l'Ardenne, en Bretagne, dans les Pyrénées (marbres).

A l'époque dévonienne, le nord de l'Europe a dû être occupé par un continent (*vieux grès rouge* d'Ecosse).

III. — Le terrain *permo-carbonifère* (Labyrinthodontes et Rep-

---

1. Du grec πένης, prononcez *pénès*, pauvre.

tiles) est caractérisé par la *houille*; celle-ci a été formée par la décomposition lente, au sein de l'eau, de plantes appartenant surtout à l'embranchement des *Cryptogames à racines* (*Fougères, Lépidodendrons, Sigillaires*), et au groupe des *Gymnospermes* (*Cordaïtes*).

Il comprend trois étages :

1° Étage inférieur (calcaires marins);

2° Étage moyen ou *houiller* (bassin franco-belge et bassins du Plateau Central);

3° Étage supérieur ou *permien*.

La fin de la période permo-carbonifère a été marquée par une émersion accentuée.

Pendant l'ère primaire se sont épanchées des roches éruptives (roches granitoïdes et porphyres).

DOUZIÈME LEÇON

Caractères généraux des terrains secondaires. — La série triasique.

Caractères généraux des terrains secondaires. — Les *terrains secondaires* reposent toujours soit sur des roches de la couche primitive, soit sur un terrain primaire ; quand ils n'affleurent pas au niveau du sol, ils sont recouverts par des terrains tertiaires ou quaternaires.

La plupart des sédiments qui constituent les terrains secondaires ont un aspect assez différent de celui des sédiments primaires. Ce sont surtout des calcaires, des marnes, des argiles, des sables, etc., entre lesquels sont intercalées sur certains points des masses de gypse ou de sel gemme. Toutes ces roches, moins compactes et moins dures que celles de la série primaire, portent en général la trace évidente de leur formation plus récente.

Faune des terrains secondaires. — Mais c'est surtout par leurs fossiles que peuvent être définis les terrains secondaires.

Le groupe des Trilobites, si caractéristique de l'ère primaire, n'en a pas franchi la limite.

Les Céphalopodes tétrabranchiaux du groupe des Nautilides, si nombreux aussi pendant l'ère précédente, très réduit au contraire dès le début de l'ère secondaire, font place aux Céphalopodes dibranchiaux du groupe des *Ammonites* et de celui des *Bélemnites*.

Ammonites. — Une coquille d'*Ammonite* [1] (*fig.* 105)

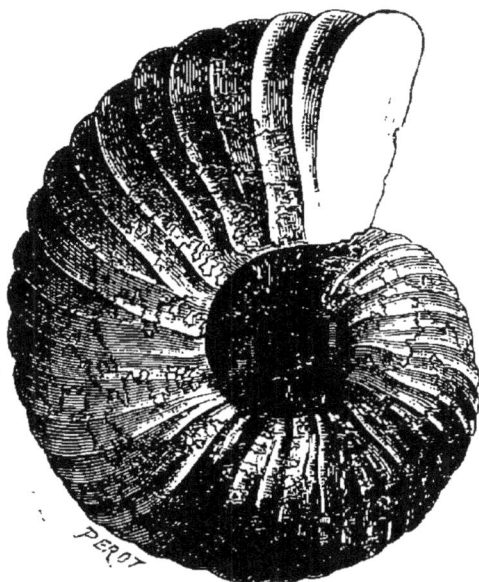

Fig. 105. — Ammonite.

est enroulée en spirale à la façon d'une coquille de Nautile. Comme celle-ci, elle est partagée intérieurement, par une série de cloisons, en loges dont la grandeur décroît progressivement en se rapprochant du centre de la spirale; mais ces cloisons laissent à la surface de la coquille des traces sinueuses dont le contour très découpé a été souvent comparé à celui d'une feuille de persil (*cloisons persillées*,

---

1. Ce nom vient de la ressemblance que les premiers observateurs avaient remarquée entre ces coquilles et les *cornes d'Ammon*.

fig. 106). La loge la plus voisine de l'ouverture de la coquille (c'est la dernière formée) communique avec la plus
voisine du centre, comme chez les Nautilides, par un

Fig. 106. — Traces des cloisons d'une ammonite sur sa coquille.

siphon qui traverse les cloisons successives; mais, au lieu
de percer chacune des cloisons vers son centre, le siphon

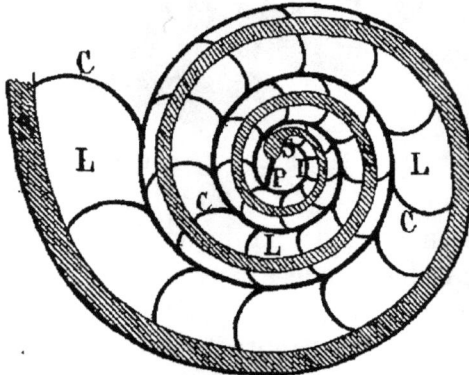

Fig. 107. — Coupe d'une ammonite par son plan de symétrie. L, loges successives; — C, cloisons; — S, siphon; — 1, première loge ou loge initiale; —
P, prosiphon ou ligament qui rattache l'extrémité renflée du siphon au fond
de la coquille.

occupe dans presque toute sa longueur le bord externe de
la spirale; de plus il se termine à l'intérieur de la loge cen-

8.

trale par un renflement fermé (*fig.* 107). Cette disposition se rencontre actuellement dans la coquille d'un petit Céphalopode à deux branchies, assez voisin de la Seiche, — la Spirule (*fig.* 108); on conclut avec assez de vraisemblance

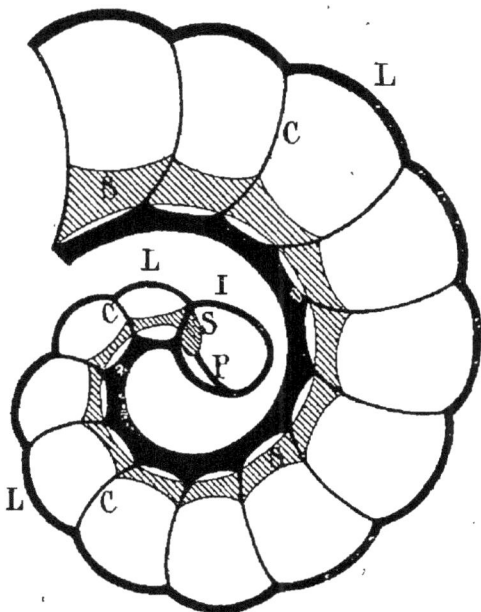

Fig. 108. — Première loge d'une coquille de Spirule ; mêmes lettres que dans la figure précédente.

que les Ammonites étaient des céphalopodes dibranchiaux comme elle. Il est vrai que la coquille de la Spirule est interne, à la façon de l'osselet de la Seiche; tandis que tout porte à croire que l'Ammonite habitait la dernière loge de sa coquille, beaucoup plus grande que toutes les autres.

Bélemnites. — Une *Bélemnite*[1] se présente (*fig.* 109) sous la forme d'un bâtonnet cylindro-conique (*rostre*) dont la partie opposée à la pointe porte une dépression en entonnoir; dans les fossiles les mieux conservés, on a pu voir que cette dépression était occupée par le sommet cloisonné (*phragmocône*[2]) d'une sorte de cornet à parois minces et

1. Du grec βέλεμνον, prononcez *bélemnon*, trait, flèche, — à cause de la ressemblance entre un rostre de Bélemnite et une pointe de flèche.
2. C'est-à-dire « cône cloisonné », du grec φράγμα, prononcez *phragma*, cloison.

peu résistantes (*proostracon*[1]) (*fig.* 110). Si on compare cet appareil à l'osselet de la Seiche ou à la plume du Calmar,

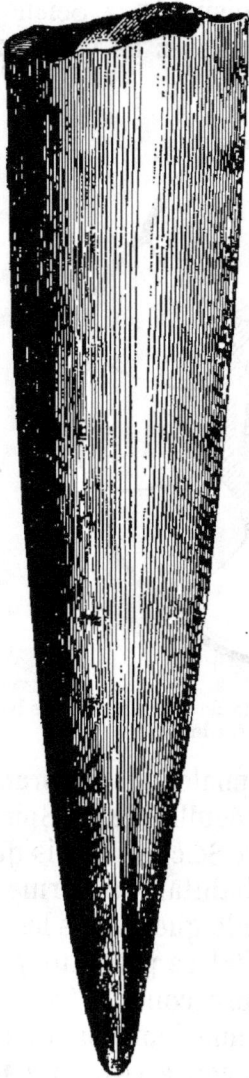

Fig. 109. — Rostre d'une Bélemnite.

Fig. 110. — Osselet entier de Bélemnite.

on y reconnaît les mêmes parties constituantes, inégalement

1. Du grec : πρό, prononcez *pro*, en avant ; — ὄστρακον, prononcez *ostrakon*, coquille.

développées. D'autre part, certaines empreintes très complètes de Bélemnites ont montré le contour des parties molles de l'animal, assez analogues à celles du corps d'un Calmar et enveloppant l'osselet; on a même retrouvé le contenu, parfaitement conservé, d'une poche à encre semblable à celle de la Seiche. Bref, on a pu reconstituer d'une manière à peu près certaine l'organisation des Bélemnites

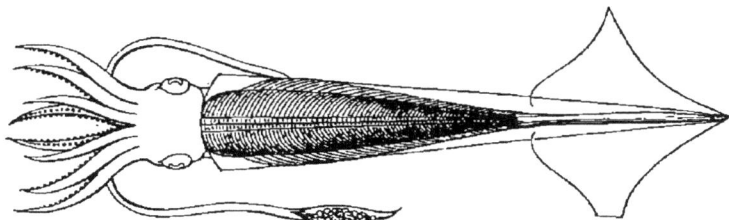

Fig. 111. — Bélemnite restaurée.

(*fig.* 111) : c'étaient sans doute des Céphalopodes assez voisins du Calmar actuel, possédant comme lui deux branchies et un osselet interne; par la structure cloisonnée de son phragmocône, cet osselet interne se montre l'équivalent de la coquille externe d'une Ammonite.

Poissons et Batraciens. — La classe des *Poissons* se poursuit pendant l'ère secondaire, ainsi que celle des *Batraciens*, à laquelle appartiennent des formes de *Labyrinthodontes* plus élevées en organisation que celles de l'ère primaire.

Reptiles. — La classe des Reptiles, qui avait fait son apparition dès la fin des temps primaires, prend un développement considérable pendant l'ère secondaire. A côté de Sauriens à dents non alvéolées, de Crocodiliens et de Chéloniens assez analogues à ceux qui vivent dans la nature actuelle, se plaçaient les ordres, complètement éteints avec l'ère secondaire, des *Enaliosauriens*, des *Ptérosauriens*, des *Dinosauriens*, des *Thériodontes* et des *Anomodontes*.

Enaliosauriens. — Le groupe des *Enaliosauriens*[1]

_____

1. Du grec : ἐν, prononcez *en*, dans, — ἅλς, ἁλός, prononcez *alos*, mer, — σαύρα, prononcez *saura*, lézard.

ou Sauriens marins comprend deux genres principaux :

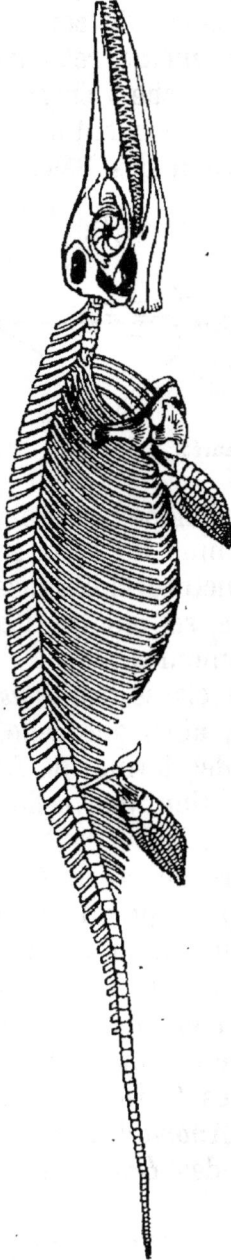

Fig. 112. — Ichthyosaure (1/30 grandeur naturelle).

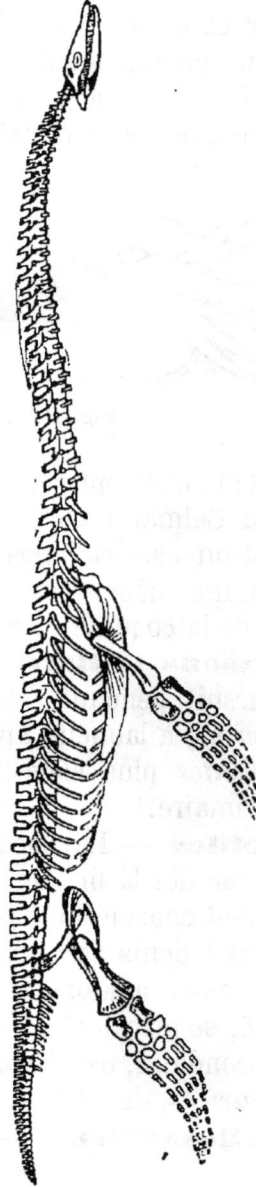

Fig. 113. — Plésiosaure (1/60 grandeur naturelle).

les genres *Ichthyosaure* et *Plésiosaure*.

Le squelette de l'*Ichthyosaure*[1] (*fig.* 112) offre de nombreuses ressemblances avec celui d'un Cétacé actuel, du Dauphin par exemple : tête volumineuse, mâchoires longues et pourvues de dents nombreuses, cou très court, membres formés d'os courts et de doigts à phalanges nombreuses et aplaties, toute son organisation se montre évidemment adaptée à une existence aquatique. D'autre part, certaines particularités du squelette, et notamment la structure de l'épaule, de certains os de la face, etc., le rattachent non moins évidemment à la classe des Reptiles. Les yeux de l'Ichthyosaure étaient entourés de plaques osseuses très fortes, qu'on suppose destinées à les protéger contre la pression considérable de l'eau dans les grandes profondeurs des mers. La région pariétale du crâne présentait une large ouverture, qu'on attribue aujourd'hui à l'existence probable d'un troisième œil situé derrière la tête et dont on trouve les traces chez les Lézards actuels. L'Ichthyosaure était un féroce carnassier.

L'organisation du *Plésiosaure*[2] (*fig.* 113) se rapproche de celle de l'Ichthyosaure ; cependant la tête, beaucoup plus petite, était portée à l'extrémité d'un cou beaucoup plus long ; on pense que les Plésiosaures se tenaient plus fréquemment que les Ichthyosaures au voisinage de la surface des eaux.

Ptérosauriens. — L'organisation des *Ptérosauriens*[3] était évidemment adaptée à une existence aérienne. Aux membres antérieurs du *Ptérodactyle*[4] (*fig.* 114), par exemple, le cinquième doigt subissait un allongement extraordinaire et servait de support à une membrane tendue entre les membres, les parties latérales du tronc et même de la queue ; cette membrane fonctionnait, à n'en pas douter, à la manière de celle des Chauves-souris ac-

1. Du grec : ἰχθύς, prononcez *ikhthus*, poisson ; — σαύρα, prononcez *saura*, lézard.
2. Du grec : πλησίος, prononcez *plèsios*, voisin ; — σαύρα, prononcez *saura*, lézard ; animal « voisin des Lézards ».
3. Du grec : πτερόν, prononcez *ptéron*, aile ; — σαύρα, prononcez *saura*, lézard.
4. Du grec : πτερόν, prononcez *ptéron*, aile ; — δάκτυλος, prononcez *daktulos*, doigt.

tuelles, et permettait à l'animal de voler. Les Ptérosauriens étaient donc parmi les Reptiles ce que sont les Cheiroptères parmi les Mammifères, avec cette différence que

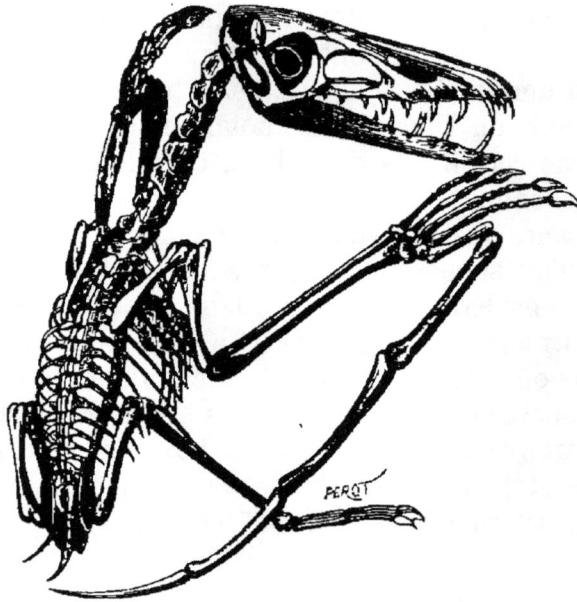

Fig. 114. — Ptérodactyle (1/4 grandeur naturelle).

chez les Cheiroptères il y a quatre doigts qui s'allongent
démesurément, un seul restant court.

Dinosauriens. — Les *Dinosauriens*[1] étaient des reptiles de grande taille que diverses particularités anato-
miques, par exemple la soudure des vertèbres sacrées, rattachent aux oiseaux de l'ordre des Coureurs. L'*Iguanodon*[2]
(*fig.* 115) possédait des membres antérieurs très petits et
impropres à la locomotion; il se tenait probablement,
comme le Kanguroo, dressé sur la queue et sur les membres
postérieurs très forts, qui se terminaient par trois doigts
réunis sans doute par des membranes palmées.

1. Mot qui signifie : reptiles redoutables.
2. Du grec : ὀδούς, ὀδόντος, prononcez *odontos*, dent; à cause de la ressemblance entre les dents de l'Iguanodon et celles des Iguanes actuels.

Thériodontes. — Les *Thériodontes* [1] (*fig.* 116) avaient certainement un régime carnassier : leur dentition en fait

Fig. 115. — Iguanodon (hauteur 4ᵐ,36).

foi. Divers caractères les rapprochent des mammifères Marsupiaux.

Anomodontes. — Les *Anomodontes* [2] (*fig.* 117) avaient

1. Du grec : θηρίον, prononcez *thérion*, bête sauvage; — ὀδούς, ὀδόντος, prononcez *odontos*, dent.
2. Du grec : ἄνομος, prononcez *anomos*, contraire aux lois; — ὀδούς, ὀδόντος, prononcez *odontos*, dent; à cause de la singularité de leurs mâchoires.

les maxillaires garnis de mandibules cornées assez semblables à celles du bec des Tortues.

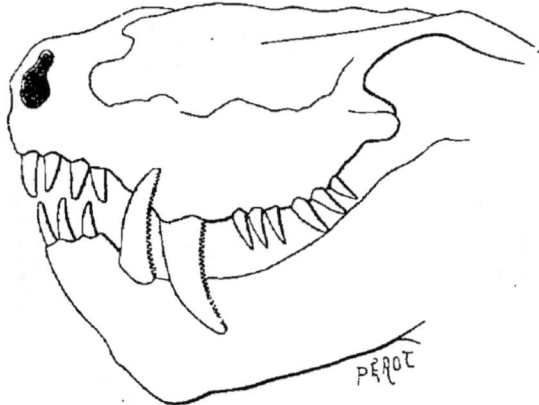

Fig. 116. — Thériodonte.

On voit, par ce qui précède, que la classe des Reptiles a atteint, au cours de l'ère secondaire, un développement tel

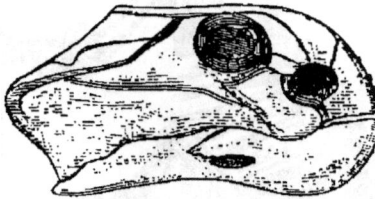

Fig. 117. — Anomodonte.

qu'elle n'en a jamais connu depuis de semblable; sa puissance, alors à son apogée, a été ensuite en décroissant.

Oiseaux. — C'est pendant l'ère secondaire que les *Oiseaux* ont fait leur apparition. Chose remarquable, ils ont été d'abord représentés par des formes intermédiaires entre le type des Reptiles et le type proprement dit des Oiseaux. L'*Archæopteryx*[1] (*fig.* 118) avait quatre membres susceptibles de servir à la marche, comme un Reptile; mais les

1. Du grec : ἀρχαῖος, prononcez *arkhaïos*, ancien ; — πτέρυξ, prononcez *ptérux*, aile.

doigts, distincts et terminés par des griffes, rappelaient la
disposition de ceux des pattes d'un Oiseau. La queue, au
lieu d'être réduite, comme chez les Oiseaux, à quelques

Fig. 118. — Archæopteryx.

vertèbres rudimentaires qui servent de support à un fais-
ceau de plumes, était formée de vingt-deux vertèbres distinctes. La tête se terminait par deux maxillaires allongés
et porteurs de dents. Mais ce qui rattache incontestable-

ment l'Archæopteryx à la classe des Oiseaux, c'est la présence de plumes sur divers points de son corps : de grandes plumes étaient fixées aux bords externes des avant-bras ainsi qu'aux parties latérales de la queue; les autres ré-

Fig. 119. — Hesperornis.

gions de la peau étaient protégées par un long duvet ou entièrement dépourvues de plumes. Cette étrange espèce, dont les restes ont été découverts à deux reprises dans les schistes lithographiques de Solenhofen (Bavière), forme incontestablement un trait d'union entre la classe des Reptiles et celle des Oiseaux.

Ensuite ont paru de véritables oiseaux, bipèdes et pourvus d'ailes plus ou moins bien constituées, mais chez lesquels les maxillaires, comme ceux de la plupart des Reptiles, étaient encore pourvus de dents. C'est le groupe des *Odontornithes*[1], auquel appartient l'*Hesperornis*[2] (*fig.* 119) de la craie d'Amérique.

Mammifères. — Il n'est pas jusqu'à la classe des *Mammifères* qui n'ait été représentée dès les temps secondaires. Mais les Mammifères dont on a trouvé des restes dans les terrains secondaires paraissent avoir tous appar-

Fig. 120. — Mâchoire de Phascolotherium, marsupial de l'époque secondaire.

tenu au groupe des Marsupiaux, maintenant si réduit : la forme du maxillaire inférieur (*fig.* 120), dont l'angle postérieur est infléchi vers l'intérieur de la bouche, est celle qu'on trouve chez tous les Marsupiaux actuels.

Flore des terrains secondaires. — Les végétaux de l'ère secondaire manifestent une organisation plus élevée que ceux de l'ère primaire. C'étaient d'abord des Cryptogames à racines, comme à l'époque houillère; mais peu à peu les Phanérogames gymnospermes (Conifères et Cycadées) se substituent aux Cryptogames, dont le nombre diminue; enfin les dernières périodes de l'ère secondaire

1. Du grec : ὀδούς, ὀδόντος, prononcez *odontos*, dent ; — ὄρνις, ὄρνιθος, prononcez *ornithos*, oiseau.
2. Du grec : ἑσπέρα, prononcez *hespéra*, occident; — ὄρνις, prononcez *ornis*, oiseau ; parce que l'Hesperornis a été découvert dans l'ouest de l'Amérique.

furent marquées par l'apparition des Phanérogames angio-spermes et plus spécialement des Dicotylédonées apétales (Saules, Chênes, etc.).

Division des terrains secondaires. — Le groupe des terrains secondaires peut être décomposé en trois séries : la *série triasique*, la *série jurassique* et la *série crétacée*.

Terrain triasique. — La *série triasique*, ou *trias*, n'est bien développée en France que sur le versant occidental des Vosges. Dans cette région, ses différentes assises, relevées vers la crête granitique de la chaîne, plongent dans la direction de l'ouest, et un observateur qui se rendrait du col de Schirmeck à Paris, en traversant la Lorraine, les rencontrerait successivement au niveau du sol. (Voir, à la fin du volume, la coupe géologique n° 2.)

On peut reconnaître ainsi que le terrain triasique se laisse partager nettement en trois étages superposés [1].

L'étage inférieur est formé, dans sa partie la plus ancienne et la plus voisine de la crête du soulèvement, par un grès rouge, grossier d'aspect et pauvre en fossiles (*grès vosgien*) ; puis il se termine par une série de grès plus fins, aux teintes bariolées de rouge et de blanc, qu'on appelle *grès bigarrés*. Ceux-ci sont riches en empreintes végétales (Prêles de grande taille, Conifères, etc.) et en traces d'animaux terrestres, par exemple d'un genre de Labyrinthodontes (le genre Chirotherium [2]) caractérisé par la ressemblance qu'offrent les empreintes de ses pattes avec celles des mains humaines (*fig.* 121). Les grès bigarrés représentent évidemment un dépôt d'eau douce.

L'étage moyen, qui affleure plus loin (par exemple à Sarrebourg), représente au contraire un dépôt marin, correspondant à une invasion océanique ; c'est le *calcaire coquillier* ou *muschelkalk* des géologues allemands.

L'étage supérieur, visible aux environs de Lunéville,

---

1. D'où son nom de *trias*.
2. Du grec : χείρ, prononcez *kheïr*, main ; — θηρίον, prononcez *thérion*, bête sauvage.

comprend une série de marnes colorées en rouge, en
vert, etc., et qu'on appelle, à cause de cette variété de
teintes, *marnes irisées*. Les fossiles qu'il renferme montrent
que c'est, comme l'étage inférieur, un dépôt littoral ou d'eau
douce, correspondant à un retrait de la mer. Sur bien des

Fig. 121. — Empreintes de pas de Labyrinthodonte.

points les marnes irisées renferment de vastes lentilles de
sel gemme associées à du gypse : on les exploite à Dieuze,
à Varangeville, etc. Ces mêmes couches, chargées de sel
gemme, se retrouvent dans le Jura (Salins, Lons-le-Saul-
nier, etc.). Elles doivent probablement leur formation à
l'évaporation des eaux de lacs salés ou de mers intérieures.
    Le terrain triasique se rencontre aussi sur le versant
oriental de la Forêt noire, en Souabe, en Franconie, etc.,
avec une composition assez analogue à celle du trias lorrain.
Il est très développé dans la partie orientale de la chaîne
des Alpes (Tyrol), où il est représenté par une masse puis-

sante d'assises marines. De ce qui précède on peut conclure
que pendant la période triasique la partie occidentale de
l'Europe (Angleterre, France occidentale, Plateau Central)
était encore émergée, comme à la fin de l'ère primaire,
tandis qu'une grande partie de l'Allemagne et de l'Europe
orientale était occupée par une vaste mer; la lisière du
continent devait correspondre à peu près à l'emplacement
actuel de la chaîne des Vosges.

La faune de l'époque triasique présente, en bien des
points, des caractères intermédiaires entre ceux des faunes
primaires et des faunes secondaires. Ainsi on y remarque
encore des Labyrinthodontes, caractéristiques des temps

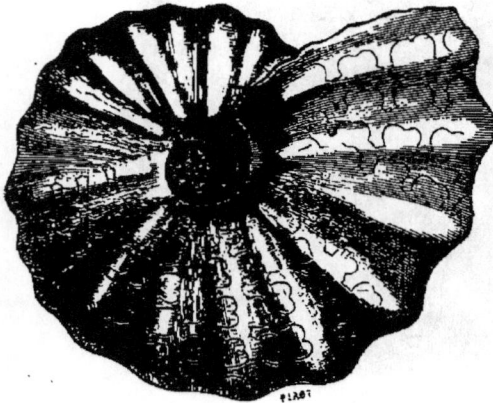

Fig. 122. — Cératite.   Fig. 123. — Goniatite.

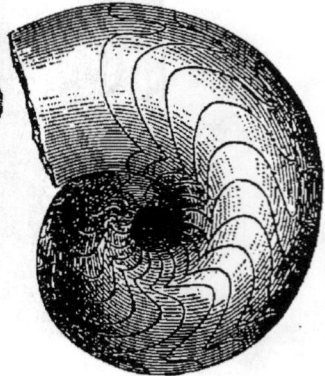

primaires (*fig.* 121). En même temps que de vraies Ammonites, on y observe des Céphalopodes dibranchiaux à
coquille externe plus simple : chez les *Cératites* [1] (*fig.* 122),
par exemple, les cloisons de séparation des loges ont laissé
sur la coquille des empreintes beaucoup moins découpées
que chez les Ammonites; or les terrains primaires renferment des *Goniatites* [2] (*fig.* 123), dont les cloisons, plus

1. De κερας, prononcez *kéras*, corne.
2. De γωνία, prononcez *gônia*, angle ; à cause de la forme anguleuse des traces
que laissent les cloisons internes sur la coquille.

simples encore, marquent sur la coquille des lignes sinueuses sans être nullement découpées.

Si on observe de plus que l'époque triasique a été marquée encore par quelques éruptions porphyriques, on voit qu'elle établit une transition entre l'ère primaire et l'ère secondaire.

RÉSUMÉ

Les *terrains secondaires* (calcaires, marnes, argiles, sables, etc.) sont surtout caractérisés par le développement des *Céphalopodes dibranchiaux* à coquille cloisonnée externe (*Ammonites*) ou interne (*Bélemnites*) et surtout par l'épanouissement de la classe des *Reptiles*; elle y est représentée en particulier par des Sauriens marins ou *Enaliosauriens* (*Ichthyosaures*, *Plésiosaures*), et par des Sauriens volants ou *Ptérosauriens* (*Ptérodactyles*). Les *Oiseaux* (*Archæopteryx*, Oiseaux à dents) et les *Mammifères* (*Marsupiaux*) ont fait leur apparition dans les temps secondaires.

Le groupe secondaire comprend trois séries : la *série triasique*, la *série jurassique* et la *série crétacée*.

La *série triasique*, ou *trias*, bien développée en Lorraine, y comprend trois étages :

1º les *grès bigarrés* (dépôt littoral);

2º le *calcaire coquillier* (dépôt marin);

3º les *marnes irisées* (dépôt littoral, sel gemme de Dieuze).

A la période triasique paraît correspondre en Europe l'existence d'un continent occidental et d'une mer orientale (limite dans la région des Vosges actuelles).

La période triasique établit, par sa faune (*Labyrinthodontes, Cératites*) et par ses éruptions porphyriques, une transition entre l'ère primaire et l'ère secondaire.

TREIZIÈME LEÇON

Les terrains secondaires (fin).

Série jurassique. — La *série jurassique* tire son nom du Jura, à la constitution duquel les terrains de cette série prennent une large part; mais elle est bien représentée aussi dans la basse Normandie et en Lorraine. C'est surtout dans les terrains jurassiques que sont abondants les restes d'Enaliosauriens (Ichthyosaures et Plésiosaures). La flore de ces terrains est surtout riche en Fougères et en Gymnospermes.

Système liasique. — Quand, après avoir parcouru en venant des Vosges la plaine de Lorraine, on approche de Nancy[1], on voit succéder aux marnes irisées des calcaires argileux de couleur foncée qui plongent vers l'ouest dans la direction de Paris, et renferment une faune tout à fait différente de celle du trias : dans l'assise la plus ancienne pullule un petit mollusque bivalve, l'*Avicula contorta* (*fig.* 124); au-dessus viennent des huîtres à crochets très recourbés, auxquelles on donne le nom de *Gryphées*[2] (*fig.* 125). Cet ensemble de dépôts constitue le *système liasique*, ou *lias*[3], qu'on peut observer, à peu près avec les mêmes caractères,

Fig. 124. — Avicula contorta.

sur toute la lisière occidentale du massif vosgien, sur la bordure méridionale du massif de l'Ardenne, sur la bordure orientale du massif armoricain et sur le pourtour entier du Plateau Central. Cette extension du système liasique permet de penser que le début des temps jurassiques a été

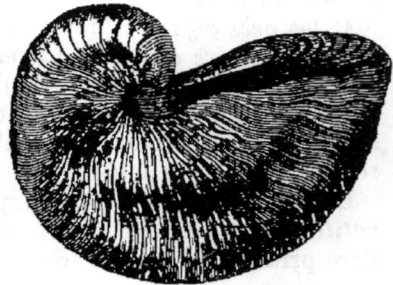

Fig. 125. — Gryphœa arcuata.

marqué par un affaissement général du sol de la France, qui a laissé la mer envahir toutes les dépressions comprises entre les massifs constitués par les terrains primitif et primaires (massifs vosgien, de l'Ardenne, armoricain et central). Ainsi la mer qui couvrait une grande partie du territoire de la France a été décomposée, dès cette époque, en

1. Voir, à la fin du volume, la coupe géologique n° 2.
2. Du grec γρυπός, prononcez *grupos*, courbé.
3. Mot anglais.

trois bassins distincts (*bassin anglo-parisien, bassin d'Aquitaine, bassin du Rhône*), qui communiquaient deùx à deux
par des détroits qu'on peut appeler *détroit du Poitou,
détroit de la Côte-d'Or, détroit du Languedoc* (*fig.* 126).

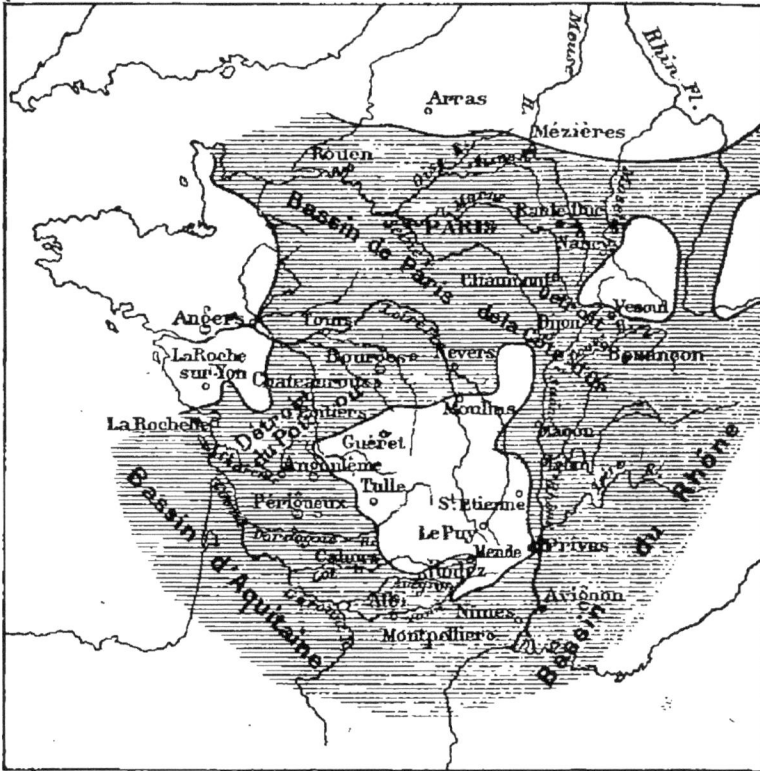

Fig. 126. — Extension probable de la mer liasique en France.
Les hachures correspondent à la mer.

C'est au système liasique qu'appartient le minerai de fer
du Creusot; c'est à l'époque correspondante qu'a dû se
déposer la houille découverte au Tonkin; c'est dans une
assise dépendant de ce système qu'a été découvert en
Angleterre le plus ancien de tous les mammifères connus,
qu'on a nommé *Microlestes*[1] *antiquus*.

1. Du grec : μικρός, prononcez *mikros*, petit; — λῃστής, prononcez *lestès*, bri-
gand; à cause des mœurs carnassières qu'on attribue à cet animal, d'après sa
dentition.

Système oolithique. — A l'ouest de Nancy, qui repose sur les marnes du lias, commence une succession assez régulière de couches alternativement calcaires et argileuses. Cet ensemble constitue le *système oolithique*, qui tire son nom de sa richesse en calcaires oolithiques, dont la présence indique, comme on le sait, l'existence à l'époque du dépôt de ces couches d'une mer chaude et peuplée de récifs coralliens.

C'est d'abord l'*oolithe* proprement dite, qui comprend en particulier la *pierre de Lorraine* et forme le plateau de Langres; — puis une série de couches argileuses sur lesquelles coule la Meuse et est bâtie la ville de Toul (étage *oxfordien*[1]); — ensuite un nouveau dépôt calcaire utilisé comme pierre de taille (*pierre de Commercy*); c'est l'étage *corallien*, qui tire son nom des débris nombreux de polypiers constructeurs qu'on y rencontre; — enfin le système oolithique se termine par de nouveaux dépôts argileux (argiles *kimmeridgiennes*[2]) que recouvre un ensemble de calcaires très développés dans le voisinage de Bar-le-Duc et appelés *calcaires du Barrois*; les argiles kimmeridgiennes et les calcaires du Barrois forment l'étage *tithonique*.

Les couches du système oolithique se trouvent non seulement à l'est de Paris, mais aussi sur toute la longueur d'une courbe qui aurait son centre à Paris et qui viendrait toucher au sud le Plateau Central, à l'ouest le massif armoricain. On les observe notamment dans la basse Normandie, où elles affleurent successivement le long des falaises du Calvados : l'oolithe proprement dite y est représentée par le calcaire ferrugineux de Bayeux, l'argile de Port-en-Bessin, et la pierre de Caen, qui a été exploitée pour la construction d'un grand nombre des monuments de la Normandie; à l'étage oxfordien appartiennent les argiles noirâtres de Dives et de Villers-sur-Mer; à l'étage corallien le calcaire de Trouville; enfin à l'étage tithonique les argiles qui forment la base des falaises du cap de la Hève.

1. De la ville d'Oxford, en Angleterre.
2. Mot d'origine anglaise.

On voit ainsi que les sédiments oolithiques se sont déposés en ceintures successives à l'intérieur du bassin anglo-parisien, dont ils ont restreint progressivement l'étendue; en même temps ils ont supprimé les communications que ce bassin avait encore à l'époque liasique avec les deux bassins méridionaux (bassin d'Aquitaine et bassin du Rhône) : les détroits du Poitou et de la Côte-d'Or ont été ainsi fermés.

Fin de la période jurassique. — La fin de la période jurassique paraît avoir été marquée par un soulèvement général du nord de l'Europe, et en particulier du bassin anglo-parisien : dans ces régions, en effet, l'étage tithonique se termine, sur quelques points, par des dépôts d'eau douce (dépôts de Pürbeck en Angleterre), qui n'ont pu se former que dans des lacs; et l'existence de ces lacs ne peut s'expliquer que par un phénomène d'émersion. L'étage tithonique est au contraire représenté dans le bassin du Rhône, plus particulièrement en Dauphiné, par un ensemble important de dépôts marins qui renferment des traces nombreuses de récifs coralliens; d'où il faut conclure que le soulèvement du nord de l'Europe a été accompagné d'un affaissement des régions méridionales qui ont été occupées par une mer chaude[1].

Série crétacée. — La *série crétacée* tire son nom de la craie[2], roche que contiennent de nombreuses assises de cette série.

La flore crétacée est riche en végétaux angiospermes (Monocotylédonées et Dicotylédonées); comme ce sont généralement des plantes à feuilles caduques, il faut en conclure qu'à la période crétacée les saisons étaient déjà plus tranchées que pendant les périodes précédentes.

1. Dans cette mer chaude se sont formés des sédiments dont la faune est intermédiaire entre celle de la série jurassique et celle de la série crétacée; noirâtres à la base, ces sédiments deviennent blancs ou jaunâtres au sommet. C'est pour rappeler cette transition insensible entre les terrains jurassiques et les terrains crétacés qu'on a proposé de donner à cet ensemble le nom de *tithonique*, emprunté à la mythologie grecque (Tithon, image du jour, jeune et beau le matin, vieux et usé le soir).
2. En latin : *creta*.

Système infracrétacé. — Au début de la période crétacée, la distribution des continents et des mers paraît avoir été à peu près la même qu'à la fin de la période jurassique. La série crétacée débute en effet dans le midi de la France, par exemple en Dauphiné et en Provence, par des sédiments marins; au nord de l'Europe, par exemple dans le pays de Bray (entre Beauvais et Neufchâtel) en France, et dans la région des Wealds en Angleterre, elle débute par des sédiments d'eau douce dans lesquels on a trouvé sur certains points des ossements d'Iguanodon; enfin, dans l'est du bassin de Paris (dans la région de l'Argonne, par exemple), elle débute par des sédiments mixtes. Il semble donc que le continent était encore rejeté vers le nord et la mer vers le midi. Les premiers étages de la série crétacée sont réunis sous le nom de *système infracrétacé*; ce sont : l'*étage néocomien*[1] (auquel appartient le minerai de fer de Vassy, dans la Haute-Marne); — l'*étage aptien*[2] (argiles contenant des huîtres fossiles); — l'*étage albien*[3] ou du *Gault*[4], représenté dans le bassin de Paris par une couche de sables verts que recouvre une couche d'argile; celle-ci est riche en phosphate de chaux, qui s'y trouve sous forme de blocs arrondis ou *nodules*, et qu'on exploite pour l'amendement des terres. Les sables verts affleurent sur le bord du bassin de Paris dans la région de l'Argonne; puis ils s'enfoncent au-dessous des assises plus récentes dans la direction de Paris; au-dessous de Paris, ils sont situés à une profondeur supérieure à 500 mètres et intercalés entre deux couches d'argile : l'argile aptienne au-dessous, et l'argile du Gault au-dessus. Les pluies qui tombent, dans l'Argonne, à la surface des sables verts, s'infiltrent entre les deux couches d'argile et viennent former au-dessous de Paris la nappe d'eau souterraine à laquelle s'alimentent les puits artésiens de Grenelle et de Passy. (Voir p. 46.)

1. Du nom latin qui désigne Neuchâtel (en Suisse) : *Neocomum*.
2. De la ville d'Apt, en Provence.
3. D'*Alba*, nom latin de l'Aube : l'étage albien est développé dans le département de l'Aube.
4. Mot d'origine anglaise.

Système crétacé. — C'est surtout dans le *système
crétacé* proprement dit, superposé au système infracrétacé,
que se trouve la *craie*. C'est, comme on le sait, une roche
calcaire tendre, traçante, d'un blanc éclatant; quand on la
pulvérise et qu'on l'examine au microscope, on y observe
un grand nombre de carapaces de foraminifères, d'où l'on
a conclu que la craie a été probablement formée par l'accumulation lente au fond de la mer d'une bouillie calcaire qui
provenait en partie de squelettes d'animaux marins.

La craie renferme souvent divers minéraux accessoires :
du *silex* noir en masses irrégulières de
formes arrondies qu'on appelle des *rognons*;
— de la *pyrite* ou sulfure de fer en petites
masses sphériques mamelonnées à leur
surface, couvertes d'un enduit rougeâtre de
rouille et formées d'aiguilles cristallines
qui rayonnent à partir du centre (*fig.* 127).

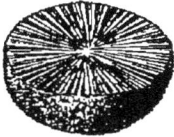

Fig. 127. — Pyrite.

Les différents étages du système crétacé peuvent être
étudiés le long des falaises qui bordent le département de
la Seine-Inférieure, de l'embouchure de la Seine à celle de
la Somme, ou bien dans les falaises du Boulonnais.

L'étage inférieur est l'*étage cénomanien*[1] ou de la *craie
glauconieuse*, craie verdâtre qui doit
sa coloration à la présence d'une
substance verte appelée *glauconie*.
Cette craie renferme un grand nombre de *Scaphites*, Céphalopodes
dibranchiaux voisins des Ammonites, mais dont la coquille est
déroulée dans ses derniers tours
en forme de crosse (*fig.* 128). On
peut observer cette craie à la côte
Sainte-Catherine, près de Rouen,
ou dans la falaise de la Hève

Fig. 128. — Scaphite.

près du Havre. Dans le Maine, l'étage cénomanien est

1. Du latin *Cenomani*, nom de la peuplade qui habitait, à l'époque gallo-
romaine, l'emplacement actuel du Mans.

représenté en partie par des grès riches en huîtres.

L'*étage turonien*[1], ou de la *craie marneuse*, peut être observé dans les falaises de Dieppe ou du Tréport. En Touraine il est partiellement représenté par un *tuffeau*, calcaire jaunâtre, assez tendre, qui peut fournir une pierre de construction, et dans lequel les habitants de certains villages se sont creusé directement des habitations.

L'*étage sénonien*[2], ou de la *craie blanche*, forme la partie supérieure des falaises de Dieppe et d'Etretat; c'est lui aussi qui forme la craie de Champagne; c'est lui encore qui, par suite d'un relèvement des assises sédimentaires, vient presque affleurer au niveau du sol à Meudon, près de

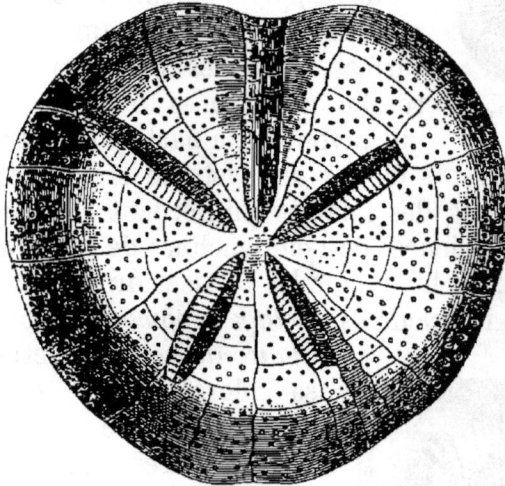

Fig. 129. — Micraster cor testudinarium.

Paris, où il est exploité pour la fabrication du *blanc de Meudon*.

La craie blanche renferme plusieurs espèces de *Micrasters* (*fig.* 129), oursins dont le test[3] avait à peu près la

1. Du latin *Turones*, nom de la peuplade qui habitait, à l'époque galloromaine, l'emplacement actuel de Tours.
2. Du latin *Senones*, nom du peuple de la Gaule qui habitait l'emplacement de Sens.
3. Le *test* d'un Oursin (du latin *testum*, coquille) est ce qu'on appelle improprement sa coquille dans le langage courant.

forme d'un cœur; on y trouve aussi des *Bélemnitelles*, sortes de Bélemnites dont le rostre portait un sillon longitudinal (*fig.* 130).

Le système crétacé se termine par l'*étage danien*. C'est surtout en Danemark et dans le nord de l'Europe que cet étage est bien développé : à Maëstricht on a trouvé dans le terrain danien les restes d'un grand reptile, le *Mosasaurus*. Le danien d'Amérique renferme des oiseaux fossiles pourvus de dents, par exemple l'*Hesperornis*. En France le terrain danien n'est représenté que sur quelques points par des lambeaux d'une roche appelée *calcaire pisolitique* : on l'observe par exemple à Meudon, à Bougival, à Valognes, etc. De cette répartition du terrain danien en Europe on peut conclure qu'à l'époque danienne la mer avait à peu près abandonné le bassin de Paris, dont le sol subissait un nouveau mouvement d'émersion (*fig.* 131).

Terrains crétacés du Midi. — Dans le Midi (aussi bien dans le bassin d'Aquitaine que dans le bassin du Rhône), le système crétacé est représenté par des assises tout à fait différentes de celles du bassin de Paris. Cette différence très nette entre les dépôts de régions relativement rapprochées tient évidemment à ce que le bassin de Paris a été séparé pendant presque toute la période crétacée des deux autres bassins français : les trois bassins ont pu ainsi être soumis à des conditions climatériques très différentes.

Fig. 130.— Belemnitella mucronata.

Les assises crétacées du Midi sont surtout formées de calcaires jaunâtres incapables de laisser une trace sur le tableau noir et renfermant de nombreuses espèces de *Rudistes*; ce sont des mollusques bivalves dont la coquille était formée de deux parties très inégales : une valve conique à paroi très épaisse, et une valve aplatie lui servant de couvercle; on peut citer les *Hippurites* (*fig.* 132) et les *Radiolites* (*fig.* 133).

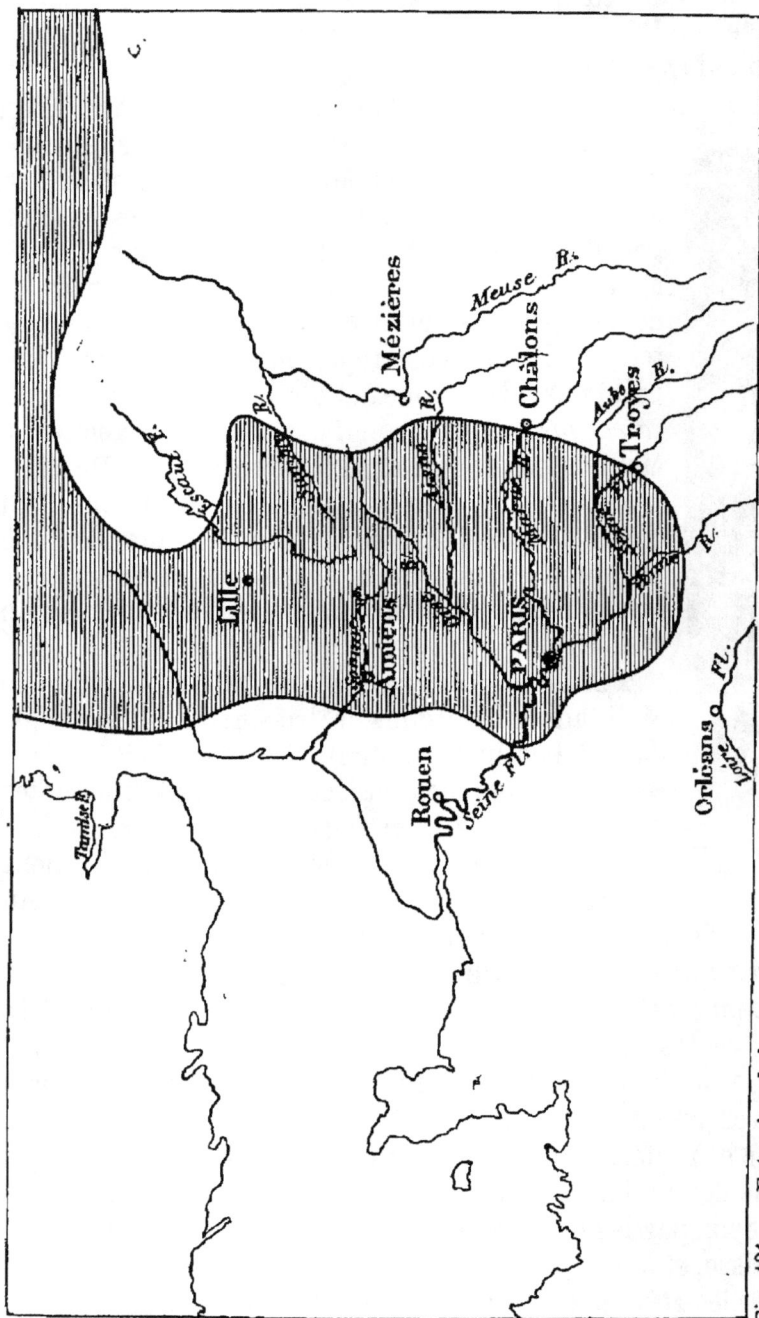

Fig. 131. — Extension de la mer dans le nord de la France à la fin de la période crétacée. La partie hachée correspond à la mer.

Dans le Midi, aussi bien que dans le bassin de Paris, la fin de la période crétacée paraît avoir été marquée par un phénomène général d'émersion.

Orographie du bassin de Paris. — Les sédiments argileux et calcaires de la série jurassique et de la série crétacée, quand ils ont été exposés par leur affleure-

Fig. 132. — Hippurites radiosus.   Fig. 133. — Radiolites lumbricalis.

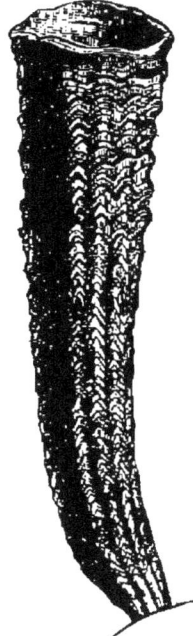

ment à l'action des eaux superficielles, ont été inégalement entamés : les sédiments argileux, délayés par le ruissellement, ont été entraînés plus rapidement que les sédiments calcaires. Ainsi se sont formés, sur le pourtour du bassin anglo-parisien, et en particulier sur sa limite orientale, une série de crêtes concentriques, séparées par autant de dépressions (voir la coupe géologique n° 2). C'est le long de ces crêtes qu'ont été livrées toutes les batailles qui avaient pour objet l'attaque ou la défense du bassin de Paris; il suffit de lire, pour s'en rendre compte, le récit de la campagne de 1814. C'est aussi le long de ces crêtes qu'ont été semées les places fortes destinées à défendre le camp retranché de Paris. On peut distinguer ainsi, à partir de notre frontière de l'Est, six lignes de défense successives :

1° La première ligne, marquée par la *crête oolithique* : Langres, Epinal, Nancy, (Metz), Mézières.

2° *Crête corallienne* : Chaumont, Toul, Verdun.

3° *Crête tithonique* : Bar-le-Duc, Bar-sur-Aube, Bar-sur-Seine.

4° *Crête albienne* : défilés de l'Argonne.

5° *Crête crétacée* : Troyes, Vitry-le-Français, Valmy.

6° *Crête tertiaire* : Montereau, Nogent, Sézanne, Epernay, Reims, Laon.

Rareté des éruptions secondaires. — Il est important de remarquer que pendant toute l'ère secondaire l'écorce terrestre paraît avoir été dans un état de repos presque complet. Les roches éruptives d'âge secondaire sont extrêmement rares, d'où l'on peut conclure que l'activité du noyau fluide que recouvre l'écorce terrestre a été momentanément suspendue.

RÉSUMÉ

La *série jurassique* comprend :

1° le *système liasique* ou *lias* (marnes à *Gryphées*, minerai de fer du Creusot, houilles du Tonkin);

2° le *système oolithique*, formé par une alternance assez régulière de couches calcaires et argileuses.

Les sédiments jurassiques se sont déposés en ceintures successives à l'intérieur des trois bassins naturels déterminés par les massifs primaires (*bassin anglo-parisien, bassin d'Aquitaine, bassin du Rhône*); ils en ont supprimé peu à peu les communications (fermeture des *détroits du Poitou* et *de la Côte-d'Or*).

La fin de la période jurassique a été marquée par un soulèvement général du nord de l'Europe; la mer était alors rejetée vers le sud (récifs coralliens dans la région méditerranéenne).

La *série crétacée* comprend :

1° le *système infracrétacé*, représenté dans le Midi de la France par des sédiments marins (Dauphiné, Provence), dans l'est par des sédiments mixtes (Argonne), au nord de l'Europe par des sédiments d'eau douce (pays de Bray).

2° le *système crétacé*, représenté dans le Midi par des calcaires à *Rudistes* et dans le bassin parisien par de la craie (craie *cénoma-nienne* ou du Maine, craie *turonienne* ou de Touraine, craie *séno-nienne* ou de Sens et de Champagne, craie *danienne* ou de Danemark).

La fin de la période crétacée a été marquée par un soulèvement général du sol de la France.

L'ère secondaire est très pauvre en formations éruptives; elle paraît caractérisée par une grande stabilité de l'écorce terrestre.

QUATORZIÈME LEÇON

Caractères généraux des terrains tertiaires.

Terrains tertiaires. — Les terrains tertiaires reposent soit sur le terrain primitif, soit sur des terrains primaires ou secondaires; ils ne sont jamais recouverts que par des dépôts quaternaires ou actuels.

Roches tertiaires. — On peut les définir encore par des caractères lithologiques. Ils sont généralement formés de roches peu résistantes : calcaires, marnes, argiles, sables, grès, lignites[1], gypse, sel gemme, etc. Remarquons de plus qu'on observe souvent dans les terrains tertiaires une alternance régulière entre les dépôts marins et les dépôts d'eau douce.

Fossiles tertiaires. — Le caractère essentiel des faunes et des flores tertiaires est qu'elles se rapprochent de plus en plus de la faune et de la flore actuelles. Il faut remarquer aussi qu'à une même période de l'ère tertiaire la faune et la flore peuvent être assez différentes en des points peu éloignés, ce qui indique une différenciation croissante des climats à la surface du globe.

Nummulites. — Les mers tertiaires ont été peuplées, comme les mers actuelles, de Foraminifères. Outre des foraminifères microscopiques comme ceux qui vivent actuelle-

---

1. Le *lignite* est un combustible d'origine végétale, qui diffère de la houille par une carbonisation moins complète (moins de 80 p. 100 de charbon); il est intermédiaire entre la houille et la tourbe.

ment, elles renfermaient des espèces de grande taille, par exemple des *Miliolites* et des *Nummulites*[1]. Les Miliolites avaient la grosseur et la forme arrondie de grains de millet, d'où leur nom. Les Nummulites (*fig.* 134) avaient une taille variable suivant les espèces : leur forme est celle d'une pièce de monnaie, c'est-à-dire d'un disque aplati, d'où leur nom ; quand on brise une Nummulite en la fendant suivant son plan de symétrie, on voit qu'elle est creusée intérieurement d'un grand nombre de loges

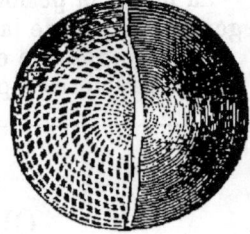

Fig. 134. — Nummulites lævigata.

disposées régulièrement suivant une spirale : toutes ces loges étaient probablement occupées par la substance vivante du foraminifère, qui se trouvait ainsi cloisonnée ; à la surface extérieure, on peut apercevoir, à l'aide d'une loupe, une multitude de petites ouvertures, caractère distinctif des Foraminifères. On peut dire que la présence des Nummulites caractérise les dépôts tertiaires.

Mollusques. — Les mollusques pullulaient aussi dans les mers tertiaires ; c'étaient surtout des bivalves et des gastéropodes, par exemple des *Natices*, des *Fuseaux*, des *Turritelles*. A côté des mollusques franchement marins, on trouve aussi des mollusques littoraux, c'est-à-dire qui devaient vivre au voisinage des côtes ou même dans les eaux saumâtres des estuaires : par exemple des *Cérithes* (*fig.* 135), gastéropodes à coquilles lon-

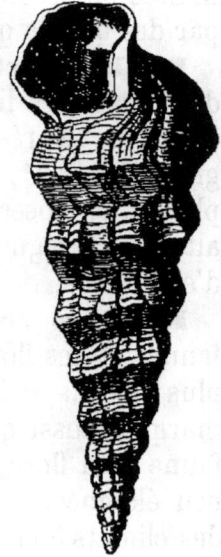

Fig. 135. — Cérithe.

gues et enroulées en spirale, dont certaines espèces atteignaient de grandes dimensions. On trouve aussi des mollusques d'eau douce (*Lymnées*, *Unios*,

---

1. Du latin : *nummus*, pièce de monnaie.

Paludines), et des mollusques terrestres (*Cyclostomes*, *Limaçons*).

Insectes. — La classe des Insectes, qui existait déjà dans les périodes précédentes, s'est développée pendant l'ère tertiaire : les Coléoptères, les Hyménoptères et les

Fig. 136. — Papillon fossile.

Diptères se sont multipliés, les Lépidoptères ont fait leur apparition (*fig.* 136).

Vertébrés. — Dans l'embranchement des Vertébrés, d'importantes modifications se sont produites pendant l'ère tertiaire.

Poissons. — Les Poissons se sont modifiés : aux groupes anciens se sont substitués les groupes actuels. L'ordre des Sélaciens a été bien représenté; dans beaucoup de dépôts tertiaires on trouve un grand nombre de dents de squales; il faut remarquer que, le squelette d'un squale étant cartilagineux, les dents sont à peu près la seule partie qui puisse se conserver par la fossilisation. L'ordre des Téléostéens a fait aussi son apparition.

Batraciens et Reptiles. — Les Batraciens et les Reptiles tertiaires se rapprochent aussi des groupes actuels; on a trouvé dans un dépôt tertiaire d'Oeningen les restes d'une grande salamandre qu'on a nommée *Andreas*[1] *Scheuchzeri*; ces restes ont été pris tout d'abord pour ceux

1. Du grec : ἀνήρ, ἀνδρός, prononcez *andros*, homme.

de l'homme primitif, antérieur au déluge, ce qui les avait fait désigner aussi du nom d'*Homo diluvii testis* (homme témoin du déluge).

Oiseaux. — Dès le début des temps tertiaires, les oiseaux dentés de l'ère secondaire ont été remplacés par des oiseaux véritables, dépourvus de dents : tous les ordres actuels ont fait successivement leur apparition. On a trouvé, par exemple, dans des sédiments tertiaires d'Auvergne, des Flamants fossiles, ce qui semble indiquer que cette région possédait, à l'époque correspondante, un climat particulièrement chaud. Dans un dépôt tertiaire de Meudon on a trouvé les restes d'un Coureur de grande taille qu'on a nommé *Gastornis parisiensis*.

Mammifères. — C'est surtout la classe des Mammifères qui a pris pendant l'ère tertiaire un développement considérable. Aux mammifères didelphes, qui existaient seuls dans les périodes précédentes, se sont substitués, dès le début des temps tertiaires, des mammifères monodelphes, semblables à ceux qui couvrent actuellement le

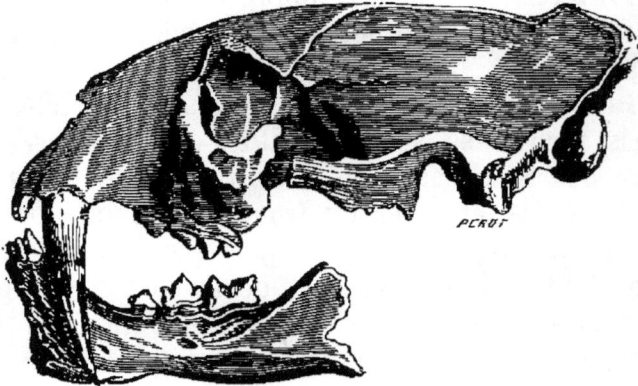

Fig. 137. — Machairodus.

globe; les didelphes ont reculé devant cette invasion progressive et se sont confinés dans le continent australien où on les trouve encore aujourd'hui.

Onguiculés. — La série des Monodelphes onguiculés a été bien représentée pendant toute l'ère tertiaire; c'est

ainsi qu'on trouve les restes d'un grand Carnivore, le
Machairodus[1], qui devait être très redoutable si on en juge

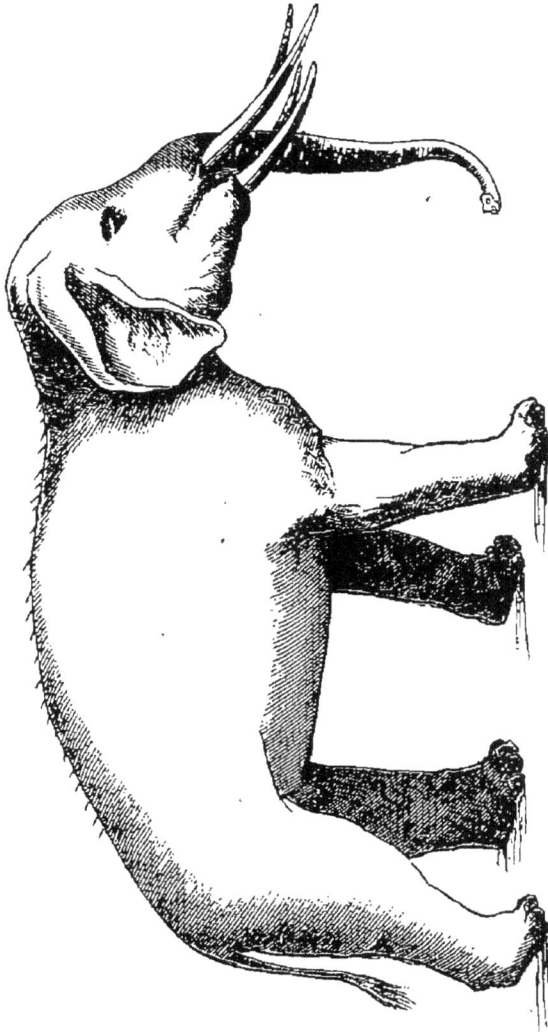

Fig. 138. — Mastodon angustidens.

par le développement de ses canines, en forme de lames
de poignards (*fig.* 137).

Ongulés. — L'étude des Ongulés tertiaires est parti-

1. Du grec : μάχαιρα, prononcez *makhaira*, épée courte ; — ὀδούς, prononcez
odous, dent.

culièrement intéressante. La série des Ongulés a été, en effet, beaucoup plus développée dans les temps tertiaires qu'elle ne l'est actuellement : elle n'est plus représentée aujourd'hui que par quelques types assez différents, entre lesquels manquent des formes intermédiaires. Or ces formes intermédiaires se retrouvent à l'état fossile dans les terrains tertiaires, où elles permettent d'établir parmi les Ongulés un enchaînement presque continu.

On sait qu'on distingue parmi les Ongulés deux séries différentes : 1° la série des Imparidigités, chez lesquels le nombre des doigts, égal ou inférieur à cinq, est impair ; — 2° la série des Paridigités, chez lesquels le nombre des doigts est pair.

En tête de la série des Imparidigités se place, dans la nature actuelle, l'ordre des *Proboscidiens*, qui comprend un genre unique, le genre Éléphant. Ce genre a été précédé dans les temps tertiaires par deux genres un peu différents : le genre *Mastodonte*[1], et le genre *Dinotherium*[2]. Les *Mastodontes* (*fig.* 138) avaient quatre défenses semblables à celles des Éléphants : deux au maxillaire supérieur comme chez ces derniers, et deux au maxillaire inférieur ; leurs molaires, au lieu d'avoir une couronne aplatie comme celles des Éléphants, avaient une couronne mamelonnée, grâce à la présence de tubercules nombreux (*fig.* 139).

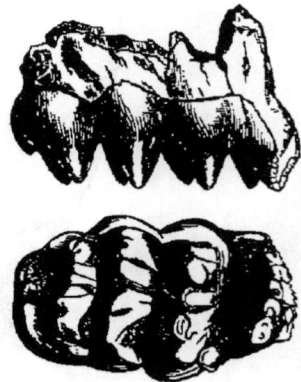

Fig. 139. — Dent de Mastodonte.

Le genre *Dinotherium* est caractérisé par la présence de deux défenses au maxillaire inférieur, et l'absence totale de défenses au maxillaire supérieur (*fig.* 140). Chez les *Éléphants*, qui ont fait leur

1. Du grec : μαστός, prononcez *mastos*, mamelon ; — ὀδούς, ὀδόντος, prononcez *odontos*, dent.
2. Ce qui signifie : *animal redoutable*.

apparition à la fin des temps tertiaires, on sait que les deux défenses sont portées par le maxillaire supérieur. Rappelons que chez les Proboscidiens la cavité des fosses nasales se

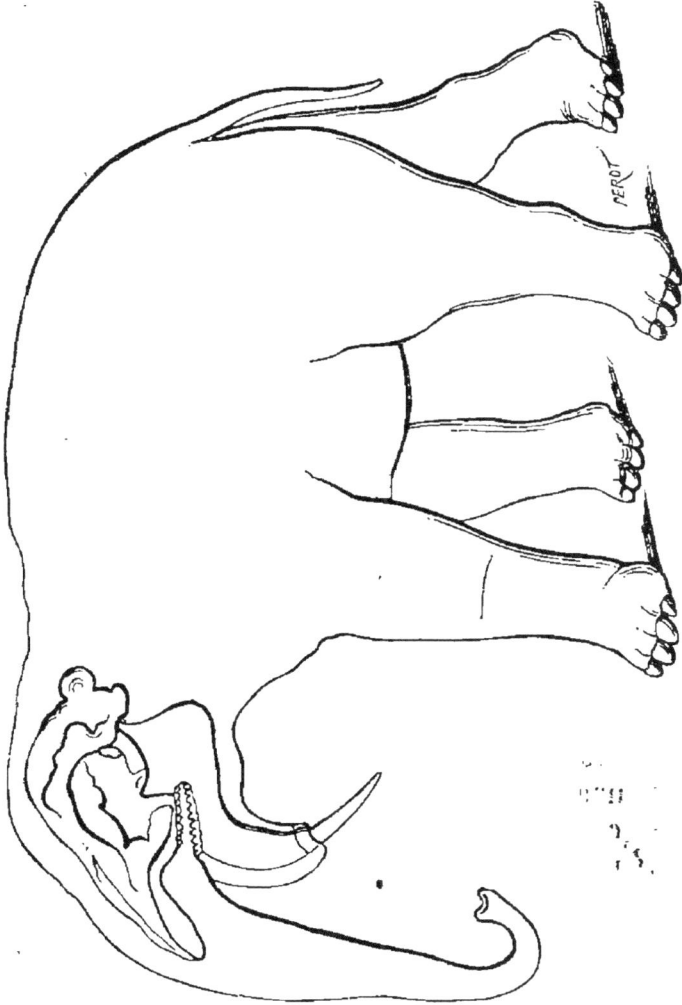

Fig. 140. — Dinotherium.

prolonge par une trompe; la base de cette trompe est indiquée sur le squelette, où on constate que les os du nez forment une saillie très marquée à la partie antérieure de la face.

Il existe encore actuellement un second ordre d'Impari-

digités, celui des *Jumentés,* auquel correspondent trois
types : le Tapir, le Cheval et le Rhinocéros. On trouve
dans les terrains tertiaires une
série presque ininterrompue de
types qui conduisent par transition insensible du Tapir au Cheval. Le Tapir, comme on le sait,
possède quatre doigts aux membres antérieurs, trois doigts aux
membres postérieurs (*fig.* 141);
il n'est donc pas franchement
imparidigité. Les genres *Coryphodon*[1] et *Lophiodon*[2] conduisent d'abord au genre *Palæotherium*[3], chez lequel chaque
patte se termine par trois doigts
seulement : un doigt moyen bien
développé et deux doigts latéraux plus petits (*fig.* 142). Le

Fig. 141.
Patte posté-
rieure du Tapir.

Fig. 142.
Patte de Palæo-
therium.

Palæotherium avait à peu près la taille du Tapir ou du
Cheval actuel; sa face se prolongeait comme chez le Tapir
par une trompe rudimentaire (*fig.* 143).

Le genre *Anchitherium*[4] nous conduit ensuite au genre
Hipparion[5], qui devait ressembler beaucoup au Cheval
actuel, mais chez lequel la patte se terminait encore par
trois doigts, très inégaux il est vrai : c'est à peine si les
doigts latéraux reposaient sur le sol (*fig.* 144). On sait que
chez le Cheval actuel un seul doigt persiste, celui du milieu;
les deux doigts latéraux laissent des traces à peine per-
ceptibles (*fig.* 145); on cite cependant quelques exemples
de chevaux pourvus de trois doigts.

1. Du grec : κορυφή, prononcez *koruphé*, tête; — ὀδούς, ὀδόντος, prononcez
odontos, dent.
2. Du grec : λόφιον, prononcez *lophion*, petite crête; — ὀδούς, ὀδόντος, prononcez *odontos*, dent.
3. Du grec : παλαῖος, prononcez *palaïos*, ancien; — θηρίον, prononcez *thèrion*,
animal sauvage.
4. Du grec : ἄγχι, prononcez *ankhi*, auprès; — θηρίον, prononcez *thèrion*,
animal sauvage (à cause de la ressemblance avec le Palæotherium).
5. Du grec : ἱππάριον, prononcez *hipparion*, petit cheval.

Cette étude sommaire nous montre comment a dû se produire la diminution progressive du nombre des doigts

Fig. 143. — Palæotherium.

chez les Imparidigités. Le premier doigt (l'équivalent du pouce chez l'Homme) a disparu le premier : c'est ce qu'on observe aux pattes antérieures du Tapir. Puis a disparu le cinquième doigt (correspondant au petit doigt de l'homme), ce qui a réduit le nombre des doigts à trois, comme on l'observe aux pattes postérieures du Tapir, aux pattes du Palæotherium et de l'Hipparion. Enfin les second et quatrième doigts, déjà très réduits chez l'Hipparion, ont disparu à leur tour, ne laissant persister que le troisième doigt, celui du Cheval.

Fig. 144.
Patte d'Hipparion.

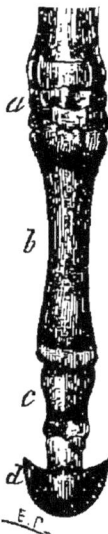

Fig. 145.
Patte de Cheval.

Le genre Rhinocéros a existé à l'époque tertiaire (*fig.* 146).

La série des Paridigités est représentée dans la nature actuelle par deux ordres : l'ordre des *Porcins*, chez lequel les pattes se terminent par quatre doigts bien distincts, quoique

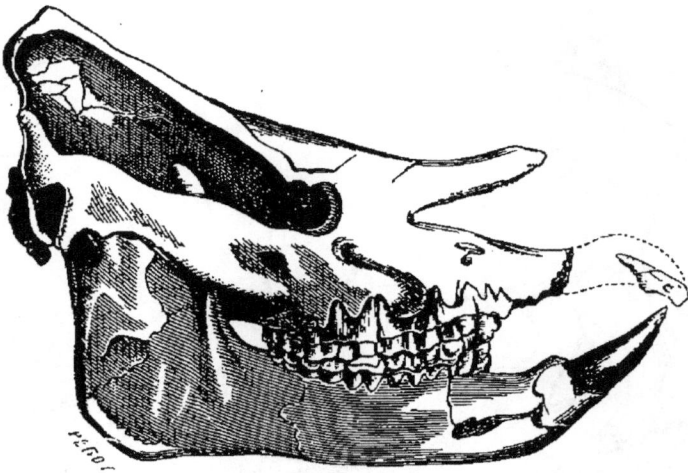

Fig. 146. — Crâne de Rhinoceros incisivus.

inégalement développés (*fig.* 147), — et l'ordre des *Ruminants*, chez lesquels deux doigts seulement sont bien développés; les deux doigts latéraux disparaissent même en général. On sait de plus que chez les Porcins les os du métacarpe et du métatarse sont distincts, chacun d'eux correspondant à un doigt, tandis que chez les Ruminants les deux os moyens du métacarpe ou du métatarse se soudent en une seule pièce qu'on appelle le canon (*fig.* 148).

On trouve dans les terrains tertiaires tous les intermédiaires entre l'Hippopotame, qui possède quatre doigts reposant tous sur le sol, et les Ruminants, chez lesquels le nombre des doigts se réduit à deux, placés dans le prolongement d'un canon.

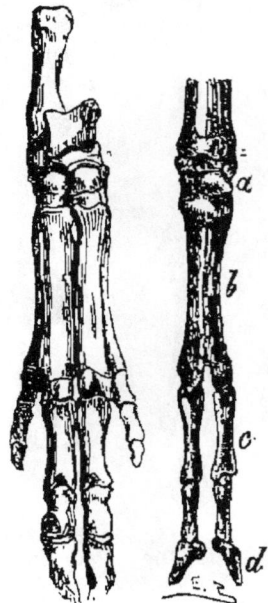

Fig. 147.
Patte postérieure du Porc.

Fig. 148.
Patte de la Chèvre.

10.

L'*Anthracotherium* [1] (*fig.* 149) était très voisin du Porc actuel.

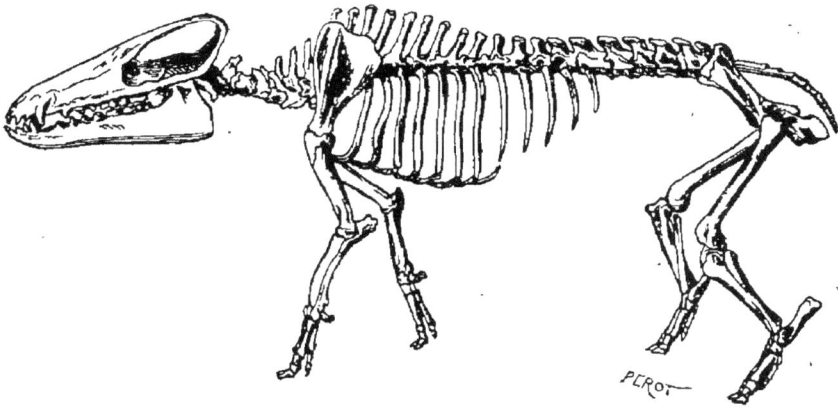

Fig. 149. — Anthracotherium magnum.

L'*Anoplotherium* [2] (*fig.* 150) avait probablement une existence aquatique ; il était pourvu d'une longue et forte queue

Fig. 150. — Anoplotherium.

qui, à la façon d'un gouvernail, devait lui permettre de se guider dans l'eau ; enfin, ce qui doit surtout nous intéresser, il avait le pied fourchu à la façon des Ruminants actuels.

1. Du grec : ἄνθραξ, ἄνθρακος, prononcez *anthrakos*, charbon ; — θηρίον, bête sauvage ; parce que cet animal a été trouvé dans des lignites.
2. Du grec : ἀ *privatif*; — ὅπλον, prononcez *hoplon*, arme ; — θηρίον, bête sauvage ; à cause de la petitesse des canines.

Le genre Anoplotherium renferme plusieurs espèces dont
la taille varie depuis celle du Rat jusqu'à celle de l'Ane. Le
genre *Xiphodon* [1] (*fig.* 151) appartenait certainement déjà

Fig. 151. — Xiphodon.

à l'ordre des Ruminants; sa taille était à peu près celle de
la Gazelle actuelle; il nous conduit aux différents genres
de Ruminants vivant de nos jours : le Bœuf, le Cerf, etc.

On voit encore comment, dans cette série des Paridigités,
le nombre des doigts s'est abaissé progressivement depuis
quatre jusqu'à deux par la disparition des second et cinquième doigts; chez les types où cette réduction a pu atteindre ses dernières limites, les troisième et quatrième
doigts, qui persistent seuls, sont supportés par un canon
unique, résultant de la soudure des os du métacarpe ou du
métatarse qui leur correspondent.

1. Du grec : ξίφος, prononcez *xiphos*, glaive, — ὀδούς, ὀδόντος, prononcez
odontos, dent; parce que ses prémolaires sont tranchantes.

Flore tertiaire. — La flore tertiaire est surtout caractérisée par le développement des végétaux pourvus de feuilles caduques et de fleurs bien organisées.

RÉSUMÉ

Les *terrains tertiaires* (argiles, sables, grès, meulières, calcaires, etc.) sont caractérisés par une faune dont les grandes divisions correspondent aux divisions actuelles.

Les mers tertiaires étaient peuplées de grands *Foraminifères* (*Nummulites*) et de *Gastéropodes* du genre *Cérithe*.

Les *Poissons*, les *Batraciens*, les *Reptiles* se rapprochent des formes actuelles. Les *Oiseaux* perdent leurs dents.

La classe des *Mammifères* s'épanouit et se développe; les Didelphes sont remplacés presque partout par des *Monodelphes*.

Parmi les *Onguiculés*, on remarque de grands *Carnivores*, comme le *Machairodus*.

Les *Ongulés imparidigités* offrent une série de formes intermédiaires entre le Tapir et le Cheval actuels (*Coryphodon, Lophiodon, Palæotherium, Anchitherium, Hipparion*). Parmi les *Ongulés paridigités*, on remarque l'*Anthracotherium*, l'*Anoplotherium*, le *Xiphodon*. L'ordre des *Proboscidiens* est représenté par les *Mastodontes*, les *Eléphants*, les *Dinotherium*.

Les flores tertiaires sont riches en *Phanérogames angiospermes à feuilles caduques.*

QUINZIÈME LEÇON

Les terrains tertiaires.

Division de la série tertiaire. — La série tertiaire peut être décomposée en quatre systèmes : le *système éocène*[1], qui contient, à l'état fossile, très peu d'espèces actuelles (3 à 4 p. 100 environ); — le *système oligocène*[2], qui

---

1. Du grec : ἔως, prononcez *héôs*, aurore ; — καινός, prononcez *kaïnos*, récent, « aurore des formes récentes ».

2. Du grec : ὀλίγος, prononcez *oligos*, peu nombreux ; — καινός, prononcez *kaïnos*, récent.

en renferme encore un petit nombre ; — le *système miocène* [1] (17 à 20 p. 100 d'espèces actuelles) ; — et le *système pliocène* [2], riche en espèces actuelles.

Dès le début de la période tertiaire, les trois bassins naturels de la France, séparés par les formations secondaires, se montrent soumis à des conditions différentes, et les sédiments revêtent dans chacun d'eux des caractères propres.

Système éocène du bassin de Paris. — Le système éocène est bien développé dans le bassin de Paris ; il en occupe toute la partie centrale, où il constitue un massif profondément entamé par les phénomènes d'érosion qui ont creusé les vallées de la Seine, de la Loire et de leurs affluents. On peut se rendre compte de sa composition en étudiant la structure du sous-sol de Paris et des collines qui l'entourent (voir la coupe géologique n° 3, à la fin du volume).

Le début de la période éocène a été marqué par une invasion de la mer septentrionale, dont les eaux ont déposé dans le Soissonnais les *sables de Bracheux* [3], riches en fossiles (*Ostræa bellovacina* [4]). Ce premier golfe éocène ne paraît pas avoir atteint au sud l'emplacement actuel de Paris, où les sédiments correspondants font défaut.

Plus tard un exhaussement du sol a rejeté la mer vers le nord, et le golfe parisien a été occupé par un système de lagunes dans lesquelles se sont amoncelés des débris végétaux ; c'est l'origine des *lignites du Soissonnais*, riches en pyrite de fer, qu'on exploite pour la fabrication de l'alun et du sulfate de fer. A la latitude même de Paris, existait un lac dont les eaux ont déposé l'argile très impure connue sous le nom d'*argile plastique* ; superposée à la craie [5], qui

---

1. Du grec : μεῖον, prononcez *meïon*, moindre ; — καινός, prononcez *kaïnos*, récent.
2. Du grec : πλεῖον, prononcez *pleïon*, plus ; — καινός, prononcez *kaïnos*, récent.
3. Nom d'un village de l'Oise.
4. C'est-à-dire *huître de Beauvais*.
5. En réalité, il existe quelques couches accessoires, intercalées entre la craie et l'argile plastique.

affleure à Meudon, cette argile est exploitée à Issy, près de Paris, pour la fabrication des tuiles et des poteries (quand on l'emploie seule) ou de la chaux hydraulique (quand on la mélange à la craie voisine). C'est à la base de l'argile plastique qu'ont été trouvés les ossements du genre *Coryphodon* et du *Gastornis parisiensis*.

Une nouvelle invasion de la mer, venue du nord, a déposé dans le Soissonnais des sables, dits *sables de Cuise*[1], caractérisés par une petite nummulite à test aplati (*Nummulites planulata*), et très développés dans la forêt de Compiègne. Comme la précédente, cette invasion marine ne paraît pas avoir atteint la latitude de Paris.

On réunit parfois les sables de Bracheux, l'argile plastique et les sables de Cuise en un étage unique, dit de l'*Éocène inférieur*, caractérisé par le genre Coryphodon. On voit, par ce qui précède, que la composition de cet étage porte les traces évidentes d'une lutte continuelle du continent contre les invasions d'une mer venue du nord.

Au-dessus de l'argile plastique, et formant à Paris le sous-sol des quartiers de la rive gauche, vient une couche puissante (30 à 35 mètres d'épaisseur) d'un calcaire dit *calcaire grossier*, qui a été exploité à Paris même[2] et qui l'est encore à Creil, Chantilly, etc., comme pierre de construction.

La partie inférieure de ce dépôt a une origine nettement marine : les premiers bancs contiennent en abondance *Nummulites lævigata*[3] (*fig.* 134); plus haut se montre une cérithe de grande taille (*Cerithium giganteum*) ; au-dessus viennent des couches formées presque entièrement de Miliolites. Le calcaire grossier inférieur s'étend au sud au delà de Paris,

---

1. Du nom d'un village de la forêt de Compiègne.
2. Ce sont d'anciennes carrières creusées dans le calcaire grossier qui forment, au-dessous de certains quartiers du sud de Paris, les souterrains dits *catacombes*, qui ont servi d'ossuaires après la suppression des cimetières intérieurs de la capitale.
3. D'où le nom de *pierre à liards*, que lui donnent les carriers à cause de la ressemblance des Nummulites avec des pièces de menue monnaie.

à l'ouest jusqu'à Gaillon, à l'est jusque sur les plaines de
Champagne; le golfe où il s'est déposé a donc
dépassé sensiblement les limites de ceux de
l'Éocène inférieur (voir *fig.* 152, p. 181).

La partie supérieure du calcaire grossier
comprend des assises bourrées de cérithes
d'espèces saumâtres, quelques lits contenant
des ossements de mammifères (Lophiodon
par exemple), et se termine par des *caillasses*,
généralement dépourvues de fossiles. Elle
semble correspondre à une période d'émersion.

Cette émersion a été suivie d'un retour de
la mer auquel on attribue le dépôt des *sables*
de Beauchamp, visibles au nord de Paris,
près de Pontoise et dans la forêt de Senlis.

Fig. 152.
Lymnœa longis-
cata.

Au-dessus viennent les *marnes de Saint-Ouen*, à *Lymnœa*
longiscata (*fig.* 153), communes à Paris sur la rive droite
de la Seine (Arc de triomphe de l'Étoile, — gares Saint-
Lazare, du Nord, de l'Est, — plaine Saint-Denis); ce dépôt
lacustre correspond à une dernière émersion, qui marque
la fin de l'*Éocène moyen* (calcaire grossier, sables de Beauchamp et marnes de Saint-Ouen), caractérisé par le genre
Lophiodon.

L'*Éocène supérieur* comprend, dans le voisinage de
Paris, une masse puissante de gypse (jusqu'à 20 mètres
d'épaisseur), visible à mi-côte et exploitée activement dans
la plupart des collines situées au nord ou à l'est de la
capitale (Sannois, Montmorency, Montmartre, Romainville). Intercalée entre deux couches de marnes (marnes
inférieures à fossiles marins, et marnes supérieures,
dites de Pantin, à fossiles lacustres), la masse du gypse
est divisée en bancs secondaires par des lits de marnes
à fossiles marins. On est donc conduit à penser que le
gypse s'est déposé dans des lagunes, par évaporation
des eaux marines. Sur les bords de ces lagunes vivaient
des mammifères dont quelques ossements, trouvés par

Cuvier[1] dans le gypse de Montmartre, lui ont permis de reconstituer toute l'organisation (Palæotherium, Anoplotherium, Xiphodon); la découverte ultérieure de squelettes entiers a permis de vérifier l'exactitude parfaite de ses conjectures. La fin de la période de formation du gypse a été marquée par une émersion générale du bassin de Paris.

L'étage supérieur du système éocène est caractérisé par le genre Palæotherium.

Système éocène en dehors du bassin de Paris. — Dans toute la région méditerranéenne, depuis l'Espagne jusqu'à l'Asie Mineure, le système éocène est représenté par de puissantes assises marines, riches en nummulites d'espèces très variées; ces assises se retrouvent dans les Pyrénées, les Alpes, les Carpathes, les Balkans; on les observe en Égypte, où elles ont servi à l'édification des Pyramides, en Perse et jusque dans l'Extrême-Orient. L'extension considérable de ces dépôts nummulitiques conduit à supposer que la Méditerranée actuelle était alors représentée par une mer beaucoup plus vaste, qu'on a désignée du nom de *mer nummulitique*; formant un trait d'union entre les régions tropicales et le continent européen, elle devait communiquer au climat de ce dernier des analogies avec celui de l'Afrique actuelle; c'est ce que permet de vérifier l'étude de la flore éocène en France (Palmiers, Laurier-Rose, Vigne, etc.).

Soulèvement des Pyrénées. — C'est probablement à la fin de la période éocène que remonte l'établissement définitif du relief pyrénéen. On observe en effet sur le versant septentrional des Pyrénées un dépôt littoral, connu sous le nom de *poudingue de Palassou*[2], qui a été relevé avec les couches plus anciennes; or ce poudingue, renfermant des restes de Palæotherium, est contemporain du gypse de la région parisienne. Au contraire, les assises les plus récentes des plaines voisines reposent horizontalement sur le poudingue incliné.

1. Cuvier, illustre zoologiste français (1769-1832).
2. Du nom d'un géologue qui l'a étudié.

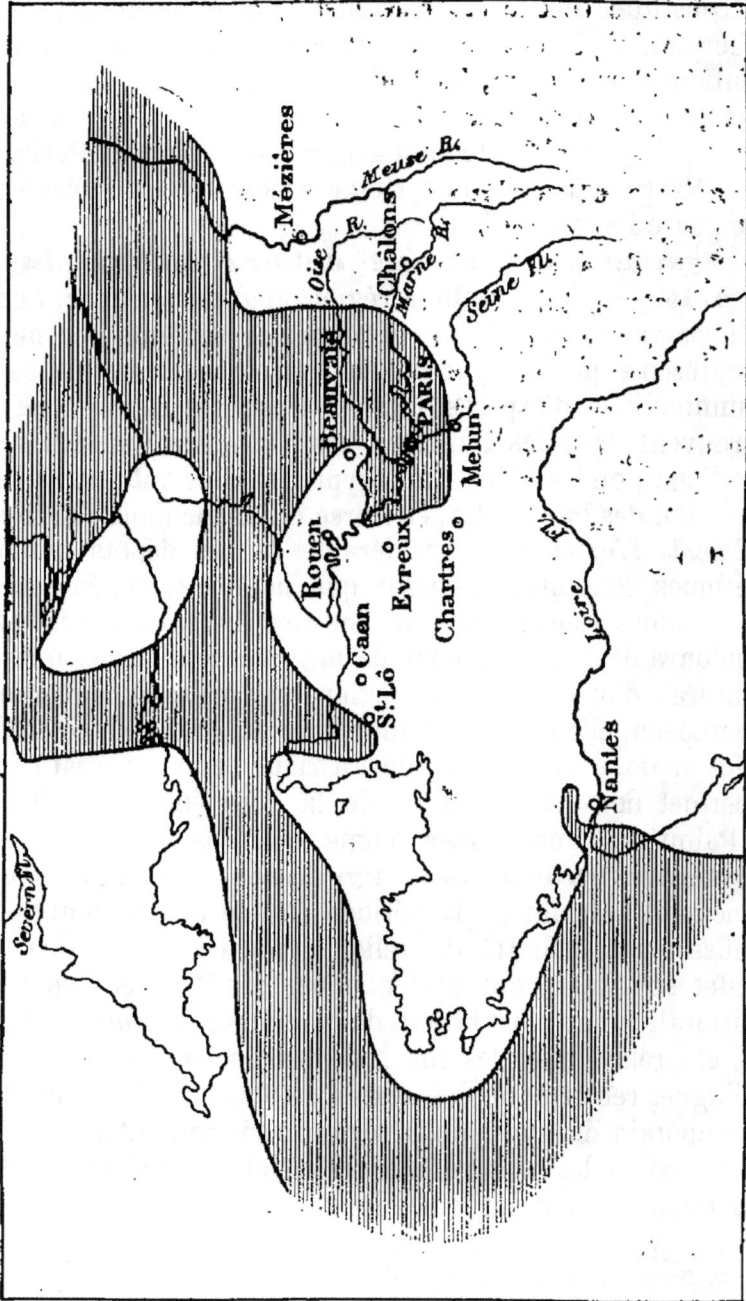

Fig. 153. — La mer du calcaire grossier. La partie hachée correspond à la mer.

Le système éocène est caractérisé, en résumé, par le grand développement de deux groupes animaux, celui des Tapiridés (Coryphodon, Lophiodon, Palæotherium) et celui des Nummulites.

Système oligocène dans le bassin de Paris.

— Le *système oligocène*, comme le précédent, est bien représenté dans le bassin anglo-parisien; c'est lui qui occupe le sommet des collines aux environs de Paris.

Il débute par quelques assises de marnes marines, qui indiquent un retour offensif de l'Océan, venu du Nord.

A ces marnes est superposé, à l'est de Paris, un calcaire d'eau douce, dit *calcaire de Brie*, dont l'extension correspond à peu près à celle du département de Seine-et-Marne; c'est lui qui fournit la pierre de Château-Landon, exploitée pour les constructions; sur certains points, par exemple à La Ferté-sous-Jouarre, il se transforme en une meulière qu'on emploie à la fabrication des meules de moulin. Le calcaire de Brie s'est déposé dans un lac, et correspond par suite à une période d'émersion.

Au-dessus du calcaire de Brie ou des marnes oligocènes vient un sable, jaune ou gris, dit *sable de Fontainebleau*, qui forme le couronnement de beaucoup de collines parisiennes. Les assises inférieures de ce sable renferment des fossiles marins (*Natica crassatina*, fig. 154 — *Cerithium plicatum*, fig. 155); les assises supérieures, peu fossilifères,

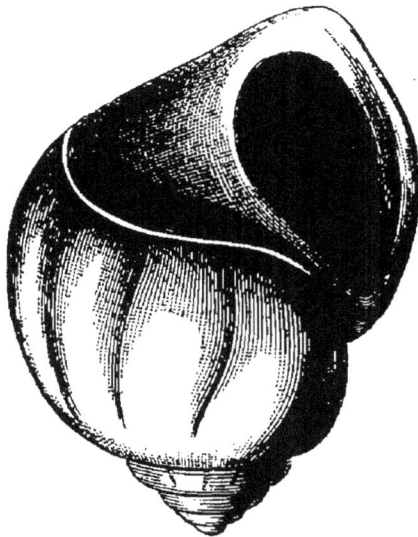

Fig. 154. — Natica crassatina.

se transforment en grès sur bien des points, par exemple

dans la forêt de Fontainebleau; quand ce grès contient un ciment siliceux, comme à Orsay, il peut être exploité pour le pavage. Le sable de Fontainebleau constitue, à n'en pas douter, un dépôt marin; en étudiant l'extension de ce dépôt (*fig.* 156), on constate que le golfe qui l'a formé couvrait une partie de la Belgique et de l'Allemagne occidentale.

Le système oligocène se termine par une nouvelle couche d'eau douce, le *calcaire de Beauce*; on le rencontre au sommet de quelques-unes des collines voisines de Paris (Sannois, Montmorency, etc.), où il se présente souvent sous forme de meulière. Ce calcaire, ainsi que l'indique son nom, couvre la région actuelle de la Beauce; il s'étend au sud sur l'Orléanais, où on y trouve des ossements d'Anthracotherium.

Fig. 155. — Cerithium plicatum.

Quelques dépressions du Plateau Central (la haute vallée de l'Allier ou Limagne, celle de la Loire ou Velay, le bassin du Puy) renferment des dépôts tertiaires qui, au-dessus de sédiments correspondant aux sables de Fontainebleau, comprennent des calcaires d'eau douce, riches en ossements de mammifères et d'oiseaux; la présence de l'Anthracotherium permet de les considérer comme contemporains du calcaire de Beauce. On peut donc admettre que, pendant la période correspondante, un lac important occupait l'Ile-de-France, la Beauce, l'Orléanais, le Berry, etc., et envoyait des prolongements jusque dans les échancrures du Plateau Central, en voie d'affaissement.

Système oligocène en dehors du bassin de Paris. — Dans le bassin d'Aquitaine, par exemple le long des escarpements de la Garonne et de la Dordogne, à Bordeaux et à Libourne, on peut observer un calcaire marin, exploité comme pierre à bâtir, et qu'on désigne du nom de *calcaire à astéries*. Outre des débris d'Etoiles de mer, dont la présence justifie son nom, ce calcaire contient des fossiles communs dans les sables de Fontainebleau, par exemple *Natica crassatina* (*fig.* 154). Il est donc contemporain de ces sables, et on voit par là que la mer qui les déposait, après avoir contourné le massif armoricain, s'étendait sur une partie de l'Aquitaine; elle envoyait, par Nantes, un prolongement jusqu'aux environs de Rennes, où on trouve des lambeaux tertiaires contenant les fossiles du calcaire à astéries (voir fig. 156).

A l'époque oligocène remontent aussi : les dépôts lacustres d'Aix-en-Provence, très riches en poissons, — les *phosphorites* du Quercy, contenant du phosphate de chaux, — les *dépôts sidérolithiques* du Jura (minerais de fer en grains et calcaires, parfois entremêlés de gypse).

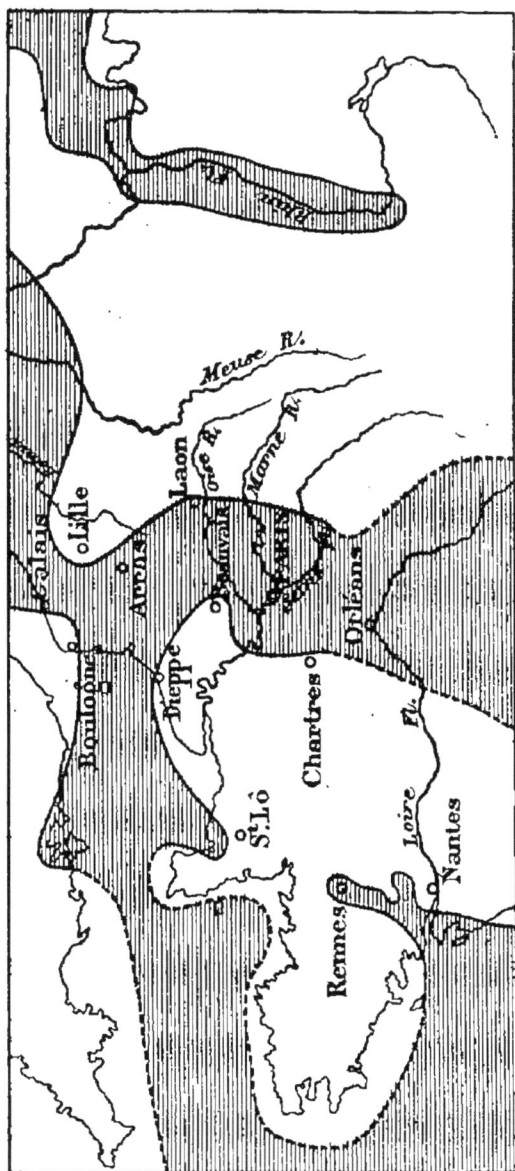

Fig. 156. — La mer des sables de Fontainebleau. Les hachures couvrent l'espace occupé par la mer.

Le système oligocène est caractérisé, en résumé, par le genre Anthracotherium.

Système miocène. — Le *système miocène* est à peine représenté dans le bassin de Paris. Pour en observer des traces, il est nécessaire d'atteindre la région de l'Orléanais, où les calcaires oligocènes à Anthracotherium sont surmontés de sables riches en ossements de Mastodontes, de Dinotherium, de Rhinocéros (*sables de l'Orléanais*). En avançant au sud de la Loire, on voit ces sables, mêlés d'argile, couvrir la Sologne, où ils forment un sous-sol imperméable; ainsi s'explique l'existence dans cette région d'une

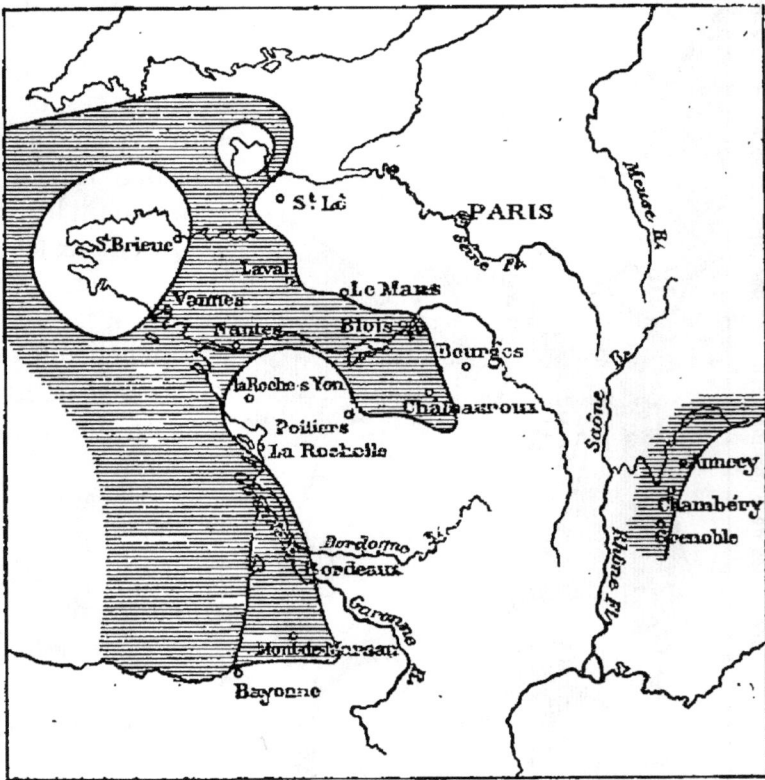

Fig. 157. — La mer des faluns. Les hachures couvrent l'espace occupé par la mer.

masse considérable d'eau stagnante qui la rend particulièrement insalubre.

Le système miocène est, au contraire, bien représenté dans le midi de la France. Il forme en particulier les *faluns*[1], si répandus aux environs de Bordeaux et dans les Landes (faluns de Dax, de Léognan, etc.), et dont on trouve des lambeaux jusqu'en Bretagne, près de Rennes en particulier. Dans les Alpes, ce système est représenté par une roche calcaire très humide, molle quand on l'extrait du sol et durcissant à l'air : c'est ce qu'on appelle la *mollasse* ; on l'emploie comme pierre de construction de qualité inférieure.

On pense, d'après ce qui précède, qu'à l'époque miocène la partie septentrionale de la France a été émergée ; la mer, rejetée vers le midi, formait en particulier un vaste golfe, plus étendu que le golfe de Gascogne actuel, qui échancrait le bassin d'Aquitaine et dans lequel se sont déposés les faluns (*fig.* 157).

Soulèvement des Alpes. — On peut observer dans les Alpes que les dernières couches relevées par le soulèvement de la chaîne appartiennent à la mollasse : les couches plus récentes sont restées horizontales. On peut en conclure que le dernier soulèvement des Alpes, celui qui a donné à la chaîne son relief définitif, est contemporain du dépôt de la mollasse ; en d'autres termes, il remonte à l'époque miocène.

La partie supérieure du système miocène se termine par des dépôts riches en ossements d'Hipparion. On les a observés au mont Léberon, à Pikermi en Attique, etc.

C'est surtout par l'apparition du groupe des Mastodontes qu'est caractérisé le système miocène.

Système pliocène. — Le *système pliocène* n'est guère représenté en France ; c'est à peine si on en trouve quelques lambeaux sur différents points de nos côtes (près de Valognes par exemple), ou dans la vallée du Rhône en remontant le cours de ce fleuve à partir de son embouchure. On en conclut que, dès le début de la période pliocène, les limites actuelles du territoire de la France étaient à peu près

---

1. Un *falun* est un dépôt calcaire formé presque entièrement de débris de coquilles brisées.

indiquées ; la Méditerranée formait sans doute dans l'axe de la vallée du Rhône une sorte de fjord qui s'étendait peut-être jusque vers l'emplacement actuel de Lyon.

Le système pliocène est mieux représenté dans quelques pays étrangers ; il constitue, par exemple, en Angleterre et sur les côtes de la mer du Nord, un dépôt appelé *crag*, formé surtout par des fragments brisés de coquilles (*crag anglais, crag d'Anvers*). Au pied de la chaîne des Apennins se trouve aussi un dépôt pliocène auquel on donne le nom de *marnes subapennines*. C'est en partie par des dépôts pliocènes que sont constituées les sept collines de Rome. Enfin toute la partie orientale de l'Europe, à partir de Vienne à peu près, a été couverte par un dépôt riche en *Congéries*, petits mollusques d'eau saumâtre assez voisins de la Moule actuelle ; la formation de ce dépôt paraît remonter à l'époque pliocène ; on suppose qu'elle a eu lieu dans un système compliqué de mers fermées, semblables à la Caspienne actuelle, et qu'on a désignées du terme général de *Mer sarmatique*[1] ; par un soulèvement lent du sol, cette mer a dû se dessécher peu à peu, et n'a laissé pour traces de son passage que la mer Caspienne, le lac d'Aral et les divers lacs salés disséminés à la surface de l'Asie centrale.

Parmi les Mammifères, les Éléphants sont ceux dont l'apparition peut servir à caractériser le système pliocène.

Éruptions tertiaires. — L'activité éruptive du globe, qui paraît s'être à peu près éteinte pendant les temps secondaires, s'est au contraire réveillée dès le milieu de l'ère tertiaire : les basaltes d'Auvergne ont commencé à s'épancher au dehors pendant la période oligocène ; leur éruption a continué et s'est accrue pendant la période miocène ; c'est vers le milieu de la période pliocène que ce phénomène éruptif a dû atteindre son maximum d'intensité.

1. De *Sarmatie*, nom vague donné par les Anciens à une vaste contrée qu'on place à l'ouest de la Scythie, et qui s'étendait en Europe et en Asie entre la mer Baltique et la mer Caspienne, au nord du Pont-Euxin (Mer Noire).

C'est aussi à ce moment qu'a dû se produire la sortie des trachytes et domites, des phonolithes et des andésites (voir la première leçon). On voit, en résumé, que les roches éruptives dont l'âge remonte à l'ère tertiaire sont les roches microlithiques; et, si on tient compte de l'interruption des phénomènes éruptifs pendant les temps secondaires, on peut distinguer, parmi les roches éruptives, deux séries différentes : 1º la *série ancienne* (roches granitoïdes et porphyriques), d'âge primaire; — 2º la *série récente* (roches microlithiques), d'âge tertiaire.

RÉSUMÉ

La *série tertiaire* comprend quatre systèmes.

I. Le *système éocène (Tapiridés, Nummulites)* comprend dans le bassin de Paris :

1º L'*étage inférieur (Coryphodon)* : *sables de Bracheux, argile plastique, sables de Cuise* (un dépôt d'eau douce entre deux dépôts marins);

2º L'*étage moyen (Lophiodon)* : *calcaire grossier, sables de Beauchamp, marnes de Saint-Ouen*;

3º L'*étage supérieur (Palæotherium)* : *gypse* intercalé entre des marnes.

Dans le midi de l'Europe et l'Orient, le système éocène est représenté surtout par des *terrains nummulitiques (mer nummulitique,* beaucoup plus étendue que la Méditerranée actuelle).

C'est à l'époque éocène supérieure que remonte le dernier *soulèvement des Pyrénées*.

II. Le *système oligocène (Anthracotherium)* comprend dans le bassin de Paris : le *calcaire de Brie, les sables de Fontainebleau* et le *calcaire de Beauce* (un dépôt marin entre deux dépôts d'eau douce).

III. Le *système miocène (Mastodontes)*, à peine représenté dans le bassin de Paris, comprend les *faluns* dans le bassin d'Aquitaine et la *mollasse* dans le bassin du Rhône. La partie septentrionale de la France devait être émergée et la mer rejetée au midi. C'est à l'époque miocène que remonte le dernier *soulèvement des Alpes*.

IV. Le *système pliocène (Éléphants)*, à peine représenté en France, comprend surtout les dépôts formés à l'est de l'Europe par la *mer sarmatique*. A l'époque pliocène la France devait avoir acquis à peu près son contour actuel.

L'ère tertiaire a été marquée par une *reprise des phénomènes éruptifs* (formation des roches microlithiques).

SEIZIÈME LEÇON

Les terrains quaternaires.

Série quaternaire. — La dernière série des dépôts sédimentaires ou *série quaternaire*, qu'on appelle aussi quelquefois la série *pleistocène*[1], recouvre toujours soit le terrain primitif, soit des terrains appartenant à l'une des trois séries précédentes ; les dépôts quaternaires ne sont jamais recouverts que par la terre végétale.

Caractère général des dépôts quaternaires.— Comme, à la fin de l'époque pliocène, les limites actuelles des continents ont été définitivement fixées, on ne peut étudier les dépôts marins d'origine quaternaire, qui sont encore recouverts par les eaux et se confondent avec les dépôts actuels ; on ne connaît donc, en fait de sédiments quaternaires, que les dépôts continentaux. Ces dépôts sont formés surtout de galets, de cailloux, de sables et de limons. En un mot, ils paraissent généralement provenir d'alluvions arrachées par des eaux très agitées à la surface des roches préexistantes, et déposées plus loin par des eaux plus calmes. Effectivement, la surface supérieure de tous les dépôts antérieurs à l'époque quaternaire porte, sur bien des points, la trace évidente d'un ravinement énergique ; il semble que les fleuves, richement alimentés et coulant à pleins bords, aient entraîné dans leur cours tous les éléments qui offraient une résistance insuffisante.

Extension des glaciers quaternaires. — On peut se demander quelle est la cause d'une érosion aussi puissante.

Or, quand on étudie l'aspect de la surface du sol dans les diverses régions montagneuses du territoire français, on y observe les traces de glaciers nombreux et étendus sous forme de roches striées et polies, de boues glaciaires, de moraines ou de blocs erratiques.

---

1. Du grec : πλεῖστος, prononcez *pleïstos*, le plus nombreux, — καινός, prononcez *kaïnos*, récent.

11.

Les glaciers, qui n'occupent plus sur les Alpes que quelques points isolés dans les massifs les plus élevés, paraissent avoir formé, au début de la période quaternaire, de véritables calottes glaciaires qui recouvraient des parties entières de la chaîne : on a pu montrer, en reconsti-

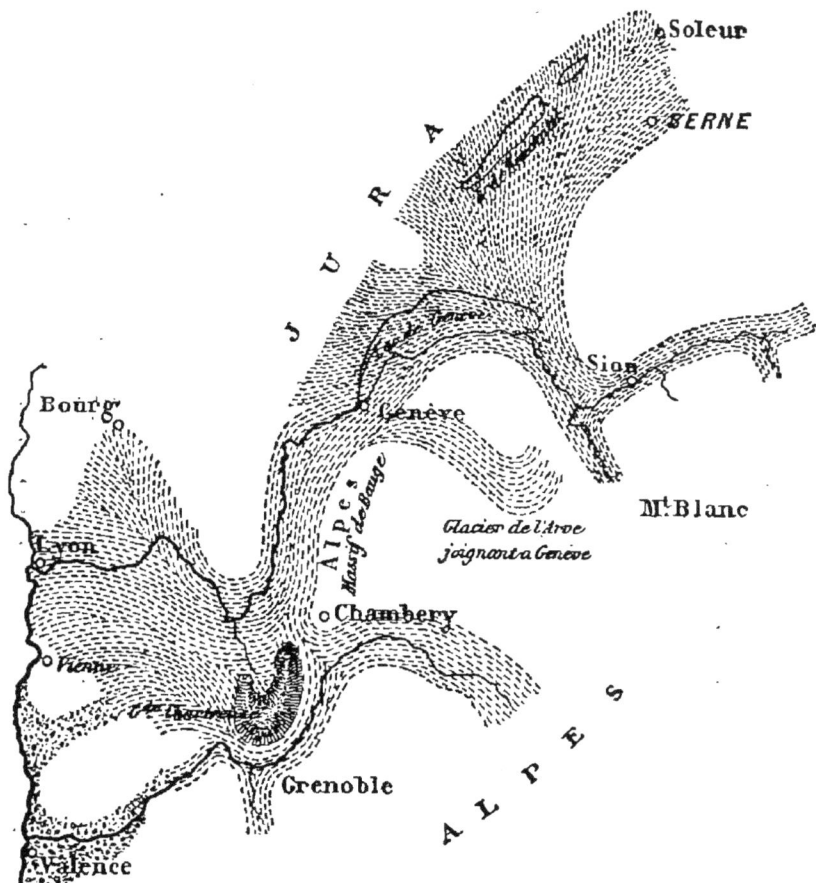

Fig. 158. — Carte représentant l'extension du glacier du Rhône à l'époque diluvienne.

tuant l'ancienne extension des glaciers, que le glacier du Rhône et les glaciers du Mont Blanc sont les derniers vestiges d'une calotte glaciaire qui s'étendait en éventail sur une partie du Jura, sur la Bresse et la Dombes jusqu'à Lyon, sur le Dauphiné jusqu'à Grenoble (*fig.* 158).

Dans les Pyrénées, où les glaciers sont aujourd'hui si rares et si peu étendus, on a retrouvé les traces d'un vaste glacier qui, partant du cirque de Gavarnie, couvrait la vallée d'Argelès, celle de Lourdes, s'étendait au delà de Tarbes et envoyait aussi des prolongements vers l'ouest dans la direction du Gave de Pau.

Les Vosges, le Plateau Central, qui ne réalisent plus aujourd'hui les conditions nécessaires à la formation des glaciers, portent aussi les traces de glaciers quaternaires.

C'est surtout au nord de l'Europe que les glaciers paraissent avoir été développés à cette époque. L'Ecosse et la péninsule scandinave devaient être couvertes par deux calottes glaciaires qui, se rejoignant à travers la mer du Nord, transportaient sur les plaines de l'Allemagne du Nord les produits de leurs érosions : c'est ainsi qu'on s'explique la formation du *terrain* dit *erratique* qui recouvre sur bien des points, dans cette région, la surface des terrains plus anciens.

Comment s'expliquer ce développement exceptionnel des glaciers à l'époque quaternaire? Il est inutile pour cela de supposer, comme on l'a fait trop souvent, un refroidissement considérable de la surface du globe; si on se reporte aux conditions qui favorisent actuellement l'accroissement des glaciers, il suffit d'imaginer une longue suite d'étés exceptionnellement pluvieux.

En étudiant de plus près l'histoire de cette époque, qu'on a appelée *époque glaciaire*, on a reconnu qu'il y a eu en réalité deux périodes méritant ce nom : à deux reprises, des pluies abondantes ont provoqué dans les régions montagneuses une extension considérable des glaciers; ces deux périodes glaciaires ont été séparées par une période plus sèche, pendant laquelle les glaciers ont subi une diminution sensible.

Creusement des vallées. — Diluvium. — Tandis que les régions montagneuses étaient ainsi le théâtre de phénomènes glaciaires, que se passait-il dans les plaines? Alimentés par les pluies abondantes et par l'eau de fusion des glaciers, les fleuves coulaient largement,

entraînaient toutes les roches qui n'offraient pas une
grande résistance, et creusaient ainsi leurs vallées. Les
éléments arrachés par l'érosion étaient déposés plus loin
par les eaux, quand leur cours se ralentissait. Ainsi s'explique la formation des dépôts d'alluvion qui représentent,
dans les plaines ou sur les plateaux, les sédiments quaternaires, et qu'on a réunis sous le nom général de *diluvium*.
Souvent le diluvium se divise en deux couches superposées :
une couche profonde, d'un jaune grisâtre, appelée *diluvium
gris;* une couche superficielle, rougeâtre, appelée *diluvium
rouge.* On avait pensé que ces deux dépôts correspondaient
à des périodes différentes; mais il semble prouvé que le
diluvium rouge n'est que la partie supérieure du diluvium
gris, transformé par l'action des eaux d'infiltrations (phénomène de *rubéfaction*, voir p. 45).

Faune quaternaire. — La faune des terrains quaternaires renferme un grand nombre d'espèces actuelles,
comme le Chien, le Renard, le Loup, le Blaireau, la Loutre,
le Sanglier, le Cerf, le Bœuf, le Cheval, l'Ane, etc.; c'est

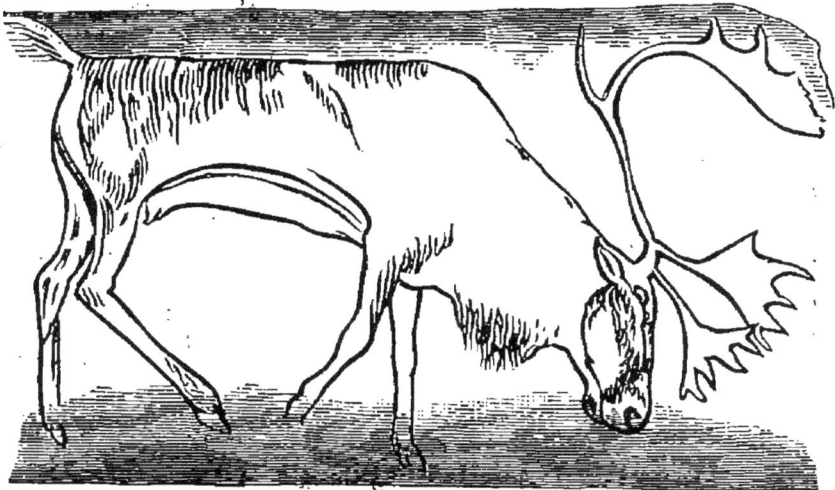

Fig. 159. — Renne (gravure sur bois de renne trouvée dans une caverne).

ce qui la distingue de toutes les faunes précédentes, où les
espèces actuelles sont moins nombreuses.

Dans les dépôts quaternaires de la France, on trouve à

la fois des espèces qui vivent encore actuellement sur notre territoire, comme le Chien et le Cheval, — des espèces qui

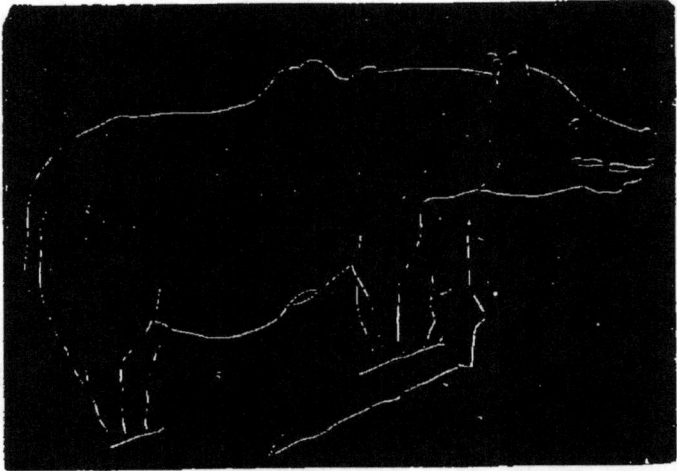

Fig. 160. — Ours des cavernes (dessin sur schiste trouvé dans une caverne).

ont émigré depuis vers d'autres régions plus froides ou plus chaudes, comme le Renne (*fig.* 159) et l'Hippopo-

Fig. 161. — Mammouth.

tame, — enfin des espèces complètement disparues. Parmi ces dernières on peut citer : l'Ours des cavernes (*fig.* 160); — l'Hyène des cavernes; — le Mammouth (*fig.* 161),

espèce d'Eléphant dont les défenses étaient très développées et dont la peau était couverte d'une assez riche
toison[1]; — le Cerf à larges cornes, dont les bois formaient de véritables pelles, que l'animal devait employer
à chercher ses aliments sous la neige; — le Rhinocéros

Fig. 162. — Megatherium.

à narines cloisonnées, dont les narines étaient séparées (fait exceptionnel) par une cloison osseuse, etc.

Dépôts quaternaires d'Amérique. — Les dépôts
quaternaires de l'Amérique du Sud renferment des fossiles
assez différents de ceux que contiennent les dépôts de
l'ancien continent. On trouve par exemple, dans l'argile

1. En 1799, un pêcheur toungouse trouva dans les glaces de l'estuaire de
la Léna, en Sibérie, un Mammouth qui avait été gelé et parfaitement conservé
dans la glace depuis l'époque quaternaire; un autre exemplaire, conservé
dans les mêmes conditions, fut trouvé en 1864 dans l'estuaire de l'Obi.

des Pampas, de grands Edentés de la taille du Bœuf, dont le corps était protégé par une véritable cuirasse assez analogue à celle de la Tortue : c'étaient les *Glyptodontes* [1]. Le genre *Megatherium* [2] (*fig.* 162) comprenait des animaux de grande taille, à la démarche lourde, au corps couvert de poils et terminé par une forte queue : fouillant la terre à l'aide des ongles tranchants et recourbés qui terminaient leurs pattes, ils devaient aussi être capables de saisir avec leurs membres antérieurs les troncs des arbres dont ils avaient coupé les racines, et de les précipiter à terre pour se nourrir de leur feuillage.

Dépôts quaternaires d'Australie. — En Australie, les mammifères quaternaires appartiennent, comme les mammifères actuels, au seul groupe des Marsupiaux.

L'Homme quaternaire. — Le fait le plus essentiel de l'histoire des temps quaternaires est l'apparition de l'Homme [3] : partout où on a pu étudier des débris fossiles de squelettes humains, et les traces authentiques du travail de l'Homme que

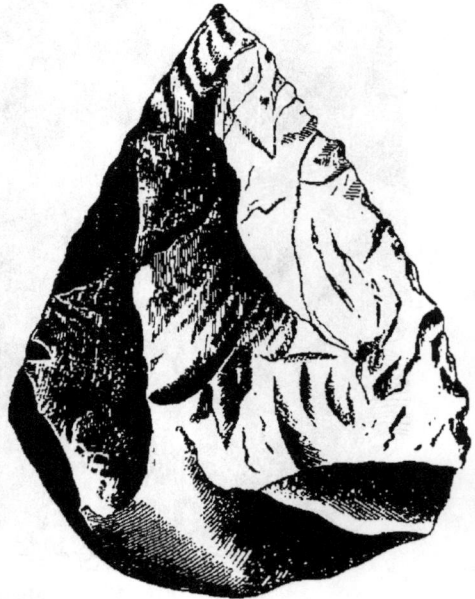

Fig. 163. — Silex taillé.

---

1. Du grec : γλυπτός, prononcez *gluptos*, ciselé ; — ὀδούς, ὀδόντος, prononcez *odontos*, dent.

2. Du grec : μέγας, prononcez *mégas*, grand ; — θηρίον, prononcez *thèrion*, bête sauvage.

3. Certains géologues ont admis l'existence de l'Homme pendant l'ère tertiaire : l'abbé Bourgeois a trouvé, par exemple, à Thenay, près Pontlevoy (Loir-et-Cher), dans un dépôt miocène, des silex qui lui paraissaient porter la trace de l'industrie humaine ; mais cette interprétation est rarement adoptée, et l'hypothèse de l'homme tertiaire est ordinairement rejetée.

recèlent les profondeurs du sol, on a reconnu que son apparition remonte à l'époque quaternaire.

Période paléolithique. — Les premiers vestiges de l'industrie humaine sont des instruments faits en silex que l'ouvrier taillait grossièrement, se bornant à en détacher des éclats jusqu'à ce que le bloc eût pris à peu près la forme qu'il voulait réaliser, celle d'un couteau, d'une hache par exemple (*fig.* 163). L'étude du sol a permis de constater que la période pendant laquelle l'Homme se livrait à ces travaux était la période glaciaire.

Plus tard, pendant le dépôt du diluvium qui résultait de la fonte des immenses glaciers quaternaires, l'Homme a vécu côte à côte avec le Mammouth ; les traces de son industrie sont encore des haches, des ciseaux, des scies, des couteaux en silex taillé, auxquels viennent s'ajouter des marteaux faits d'une pierre percée et emmanchée dans un fragment d'os, et des colliers qui nous révèlent chez l'Homme primitif le goût de la parure. Ces vestiges de l'Homme ont été retrouvés soit sur le bord des fleuves (Saint-Acheul, en Picardie), soit dans des grottes (le Moustier, près de la Vézère). La sépulture préhistorique d'Aurignac, dans la Haute-Garonne, où, avec dix-sept squelettes

Fig. 164. — Coupe de la caverne d'Aurignac.

humains, ont été trouvés des os taillés et des débris de poteries (*fig.* 164); la grotte de Cro-Magnon, etc., marquent la fin de cette époque où l'Homme préludait à la vie artistique par des dessins grossiers tracés sur des fragments d'os ou des lames de schiste.

Une dernière phase de la *période paléolithique*[1] ou de la *pierre taillée*, est l'âge du Renne, pendant lequel l'Homme de nos pays, vivant côte à côte avec le Renne et l'Ours des cavernes, s'exerçait déjà à des travaux plus délicats, tels que la sculpture ou, tout au moins, les dessins en relief sur os ou sur ivoire.

Période néolithique. — Ici se place un fait important dans l'histoire de l'espèce humaine : l'Homme, qui bornait encore toute son industrie à la taille du silex, semble avoir reçu d'une invasion orientale l'art de polir les instruments qu'il façonnait (*fig.* 165) ; à la pierre taillée succède la *pierre polie* ; la période paléolithique fait place à la période *néolithique*[2]. C'est à cette période que paraît remonter la construction de tous ces monuments faits de

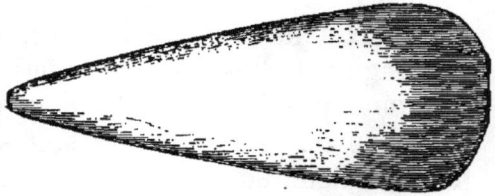

Fig. 165. — Hache en pierre polie.

blocs volumineux (*dolmens*, *menhirs*, *cromlechs*, *allées couvertes*, *fig.* 166, etc.), que l'on a réunis sous le nom de *monuments mégalithiques*[3] ; les uns paraissent avoir servi de sépulture,

Fig. 166. — Allée couverte.

ils ont été probablement recouverts de terre qui a pu dispa-

1. Du grec : παλαιός, prononcez *palaïos*, ancien ; — λίθος, prononcez *lithos*, pierre.
2. Du grec : νέος, prononcez *néos*, jeune ; — λίθος, prononcez *lithos*, pierre.
3. Du grec : μέγας, prononcez *mégas*, grand ; — λίθος, prononcez *lithos*, pierre.

raître par la suite[1]; d'autres étaient, selon toute vraisemblance, érigés en l'honneur des divinités dont l'homme

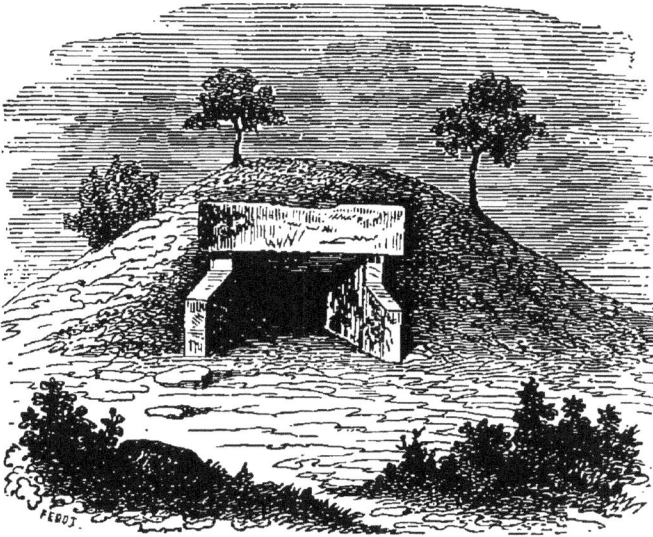

Fig. 167. — Dolmen recouvert d'un tumulus.

primitif peuplait la nature. A la même époque, les bords

Fig. 168. — Cité lacustre.

d'un grand nombre de lacs (lacs de la Suisse et de la

1. On trouve effectivement des tombeaux quaternaires comprenant une sorte de caveau fait de pierres dressées, et une masse de terre superposée (*tumulus*, voir fig. 167).

Savoie, par exemple) étaient habités par des populations qui avaient contracté l'habitude de se réfugier dans des cités construites sur pilotis, à quelque distance du rivage (coutume que certaines peuplades de l'Amérique ont conservée), pour se mettre en garde contre les incursions nocturnes des bêtes sauvages (*cités lacustres* ou *palaffites*, *fig.* 168).

La civilisation fait dès lors chaque jour des progrès. Comme l'art de polir la pierre, l'usage du bronze (*fig.* 169) semble avoir été importé d'Orient; son introduction marque le début de l'*âge du bronze*, auquel succède bientôt l'*âge du fer*; celui-ci conduit l'humanité jusqu'au début de la période historique, dont l'étude n'est plus du domaine de l'histoire naturelle proprement dite.

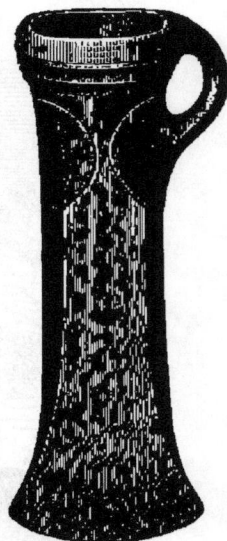

Fig. 169.
Hache en bronze.

Éruptions quaternaires. — Pendant la durée des

Fig. 170. — Vue de la chaîne des Puys (Auvergne).

temps quaternaires se sont continués les phénomènes éruptifs qui avaient déjà signalé l'ère tertiaire; c'est ainsi que les roches volcaniques qui constituent les cônes des volcans éteints de l'Auvergne (*chaîne des Puys, fig.* 170) paraissent s'être fait jour à l'époque quaternaire : les éruptions des volcans de l'Auvergne ont eu pour témoin l'Homme primitif.

Résumé général. — On a pu voir, au cours de ces leçons, comment le sol de la France s'est peu à peu constitué, et dans quel ordre les divers groupes d'animaux ou de végétaux semblent s'être succédé à la surface du globe. Si on considère, dans chaque embranchement du règne animal, la série d'êtres qui s'est déroulée depuis l'époque où la vie a fait sa première apparition jusqu'à nos jours, on constate un progrès continu : parmi les Vertébrés, par exemple, ce sont les Poissons, animaux de la classe la plus inférieure, qui se sont montrés les premiers ; ensuite viennent les Amphibiens, intermédiaires entre les Poissons et les Reptiles, puis les Reptiles eux-mêmes et les Oiseaux, enfin les Mammifères imparfaits de la série des Didelphes ; ce n'est que bien plus tard que se montrent les véritables Mammifères, dont le développement s'achève par l'apparition de l'Homme.

RÉSUMÉ

La *série quaternaire* ou *pleistocène* n'est connue que par des dépôts continentaux : les uns d'origine *glaciaire* (les glaciers ont été beaucoup plus développés pendant la période quaternaire que de nos jours); — les autres, d'origine *fluviatile* (creusement des vallées, formation du *diluvium*).

La *faune quaternaire* de nos pays renferme : 1º des espèces actuelles (ex. Cheval); 2º des espèces qui ont émigré plus tard (ex. Renne) ; — 3º des espèces complètement disparues (ex. Ours des cavernes).

La faune quaternaire est surtout caractérisée par l'apparition de l'Homme.

Les premiers hommes ne connaissaient d'autre industrie que celle de la *pierre taillée*; la *période paléolithique*, qui correspond à cet état, comprend : l'*âge glaciaire*, l'*âge du Mammouth* et l'*âge du Renne*.

A l'usage de la pierre taillée a succédé celui de la *pierre polie* (*période néolithique*); la pierre polie a été remplacée ensuite par le *bronze* et le *fer*.

Les éruptions tertiaires se sont poursuivies pendant la période quaternaire (activité des volcans de l'Auvergne).

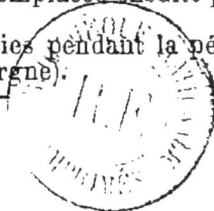

TABLEAU
Résumant l'ensemble des principales formations géologiques.

		SYSTÈMES	FOSSILES CARACTÉRISTIQUES	NATURE DES DÉPÔTS	PHÉNOMÈNES ÉRUPTIFS	PHÉNOMÈNES OROGÉNIQUES
TERRAINS DE SÉDIMENT	GROUPE QUATERNAIRE (Homme)	Pléistocène..	Homme.........	Diluvium.	Roches mésolithiques ; trachytes, basaltes, laves (série tertiaire).	
	GROUPE TERTIAIRE (Nummulites) (Mammifères)	Pliocène....	Eléphants.......	Crag.		Soulèvement des Alpes.
		Miocène.....	Mastodontes.....	Mollasse des Alpes.		
		Oligocène...	Anthracotherium.	Sables de Fontainebleau.		Soulèvement des Pyrénées.
		Eocène......	Tapiridés........	Calcaire grossier et gypse de Paris.		
	GROUPE SECONDAIRE (Ammonites) (Reptiles)	Crétacé.....	Oiseaux dentés...	Craie de Champagne et de Normandie.	Roches granitoïdes et porphyriques (série ancienne).	
	SÉRIE CRÉTACÉE (Scaphites)	Infracrétacé.	Dinosauriens	Sables verts de l'Argonne.		
	SÉRIE JURASSIQUE (Enaliosauriens)	Oolithique...	Coralliaires......	Pierres de Lorraine et de Caen.		
		Liasique	Gryphées........	Mineraide fer du Creusot.		
	SÉRIE TRIASIQUE	Triasique ...	Cératites........	Grès des Vosges et sel gemme de Lorraine.		
	GROUPE PRIMAIRE (Trilobites) (Poissons)	Permo-carbonifère.....	Productus.......	Houille du Nord et du Plateau central.		
		Dévonien....	Spirifers........	Marbres des Pyrénées.		
		Silurien....	Graptolithes.....	Ardoises de l'Ardenne et d'Angers.		

TERRAIN PRIMITIF. Roches cristallophylliennes (Gneiss, Micaschiste, etc.).
(Azoïque)

TABLE DES MATIÈRES

PREMIÈRE LEÇON. — **Les Roches cristallines**.............. 9
La Géologie, 9. — La Terre, 9. — Les Roches, 10. — Roches cristallines et roches stratifiées, 11. — Le Granit, 11. — Roches granitoïdes, 14. — Porphyres, 15. — Roches trachytiques, 16. — Roches vitreuses, 17. — Roches acides, basiques et neutres, 18.

DEUXIÈME LEÇON. — **Les Roches stratifiées et cristallophylliennes**..................................... 19
Roches stratifiées, 19. — Roches calcaires, 19. — Roches argileuses, 23. — Marnes, 24. — Roches siliceuses, 25. — Gypse et sel gemme, 26. — Roches cristallophylliennes, 28.

TROISIÈME LEÇON. — **Phénomènes actuels. — Actions de l'air et de la mer**................................. 30
Phénomènes actuels, 30. — Origine externe et origine interne, 30. — Phénomènes d'origine externe, 31. — Action de l'air, 31. — Les dunes, 31. — Action de l'eau, 34. — Action de la mer, 34. — Erosion, 34. — Sédimentation mécanique, 35. — Sédimentation chimique, 36. — Les roches stratifiées sont des dépôts de sédiment, 37.

QUATRIÈME LEÇON. — **Action des eaux continentales**...... 39
Eaux continentales, 39. — Ruissellement, 39. — Torrents, 40. — Infiltration; effets physiques, 43. — Effets chimiques, 43. — Nappes d'eau souterraines, 45. — Eboulements; glissements, 47. — Action des cours d'eau, 47.

CINQUIÈME LEÇON. — **Les glaciers. — Circulation de l'eau dans la nature**..................................... 52
Neiges persistantes, 52. — Avalanches, 53. — Formation de la glace, 53. — Glacier, 54. — Mouvements du glacier, 54. — Leurs causes, 56. — Crevasses, 57. — Dimensions du glacier, 59. — Effets du glacier, 60. — Glaciers polaires, 62. — Circulation de l'eau dans la nature, 63.

SIXIÈME LEÇON. — **Action des êtres vivants. — Notion du feu central**................................... 65
Action des êtres vivants, 65. — Foraminifères, 65. — Polypiers constructeurs, 65. — Diatomées, 69. — Formation de la tourbe, 70. — Phénomènes d'origine interne, 72. — Température interne du globe, 72. — Hypothèse du feu central, 72.

SEPTIÈME LEÇON. — **Phénomènes volcaniques**........... 74
Phénomènes volcaniques, 74. — Volcans, 74. — Activité continue ou discontinue, 74. — Eruption volcanique: phénomènes précurseurs, 75. — Cône de fumée, 75. — Laves, 77. — Fumerolles, 79. — Distribution des volcans, 80. — Cause des éruptions volcaniques, 80. — Geysers, 84.

HUITIÈME LEÇON. — **Sources thermales; dépôts; filons métallifères. Mouvements du sol**................... 86

Sources thermales, 86. — Dépôts des· sources thermales, 87. — Filons métallifères, 87. — Mouvements du sol, 88. — Tremblements de terre, 88. — Mouvements lents, 90.

NEUVIÈME LEÇON. — **Principes de la stratigraphie**........ 93
Stratigraphie, 93. — Age d'une assise sédimentaire; principe de superposition, 93. — Lacunes, 94. — Principe de continuité, 95. — Utilité des fossiles, 95. — Fossilisation, 96. — Classification des assises sédimentaires, 97. — Stratification concordante, 97. — Stratification discordante, 98. — Stratification transgressive, 98. — Discordance paléontologique, 99. — Formation des roches éruptives, 99. — Filons et massifs, 99. — Age d'une formation éruptive, 100. — Age d'une chaîne de montagnes, 101. — Cartes géologiques, 102.

DIXIÈME LEÇON. — **Le terrain primitif. — Caractères généraux des terrains primaires**...................... 103
Comment a dû se former l'écorce terrestre, 103. — Le terrain primitif, 104. — Sa constitution, 104. — Son extension, 105. — Ses formations éruptives, 107. — Division des terrains de sédiment, 107. — Série primaire, 107. — Roches primaires, 108. — Fossiles primaires, 108. — Céphalopodes, 108. — Brachiopodes, 110. — Trilobites, 112. — Poissons, 114. — Batraciens, 115. — Reptiles, 116.

ONZIÈME LEÇON. — **Les terrains primaires**.............·... 117
Terrains primaires, 117. — Terrain silurien, 117. — Sa division en étages, 118. — Son extension, 120. — Terrain dévonien, 121. — Sa division en étages, 122. — Son extension, 124. — Terrain permo-carbonifère, 125. — La houille, 125. — Flore de la houille, 128. — Formation de la houille, 130. — Division du terrain permo-carbonifère en étages, 130. — Eruptions primaires, 134.

DOUZIÈME LEÇON. — **Caractères généraux des terrains secondaires. — La série triasique**.................... 135
Caractères généraux des terrains secondaires, 135. — Faune des terrains secondaires, 135. — Ammonites, 136. — Bélemnites, 138. — Poissons et batraciens, 140. — Reptiles, 140. — Enaliosauriens, 140. — Ptérosauriens, 142. — Dinosauriens, 143. — Thériodontes, 144. — Anomodontes, 144. — Oiseaux, 145. — Mammifères, 148. — Flore des terrains secondaires, 148. — Division des terrains secondaires, 149. — Terrain triasique, 149.

TREIZIÈME LEÇON. — **Les terrains secondaires (fin)**........ 152
Série jurassique, 152. — Système liasique, 153. — Système oolithique, 155. — Fin de la période jurassique, 156. — Série crétacée, 156. — Système infracrétacé, 157. — Système crétacé, 158. — Terrains crétacés du Midi, 160. — Orographie du bassin de Paris, 162. — Rareté des éruptions secondaires, 163.

QUATORZIÈME LEÇON. — **Caractères généraux des terrains tertiaires**...................·............... 164
Terrains tertiaires, 164. — Roches tertiaires, 164. — Fossiles tertiaires, 164. — Nummulites, 164. — Mollusques, 165. — Insectes, 166. — Vertébrés, 166. — Poissons, 166. — Batraciens

, et Reptiles, 166. — Oiseaux, 167. — Mammifères, 167. — Onguiculés, 167. — Ongulés, 168. — Flore tertiaire, 176.

QUINZIÈME LEÇON. — **Les terrains tertiaires**................ 176
Division de la série tertiaire, 176. —Système éocène du bassin de Paris, 177. — Système éocène en dehors du bassin de Paris, 180. — Soulèvement des Pyrénées, 180. — Système oligocène dans le bassin de Paris, 182. — Système oligocène en dehors du bassin de Paris, 183. — Système miocène, 185. — Soulèvement des Alpes, 186. — Système pliocène, 186. — Eruptions tertiaires, 187.

SEIZIÈME LEÇON. — **Les terrains quaternaires**............ 189
Série quaternaire, 189. — Caractère général des dépôts quaternaires, 189. — Extension des glaciers quaternaires, 189. — Creusement des vallées; diluvium, 191. — Faune quaternaire, 192. — Dépôts quaternaires d'Amérique, 194. — Dépôts quaternaires d'Australie, 195. — L'Homme quaternaire, 195. — Période paléolithique, 196. — Période néolithique, 197. — Eruptions quaternaires, 199. — Résumé général, 200.

R.F.

MER DU NORD

HOLLANDE

LA MANCHE — Pas de Calais

BELGIQUE

EMPIRE D'ALLEMAGNE

OCÉAN ATLANTIQUE

Golfe de Gascogne

ESPAGNE

PYRÉNÉES

Golfe du Lion

MER MÉDITERRANÉE

SUISSE

CORSE

Gravé par F. Dufour, 31 R. d'Enens.

	Terrain primitif et roches éruptives anciennes		Terrains triasiques		Terrains tertiaires
	Terrains primaires		Terrains jurassiques		Dépôts modernes
			Terrains crétacés		Roches éruptives modernes

2. Coupe des terrains secondaires de Paris aux Vosges.

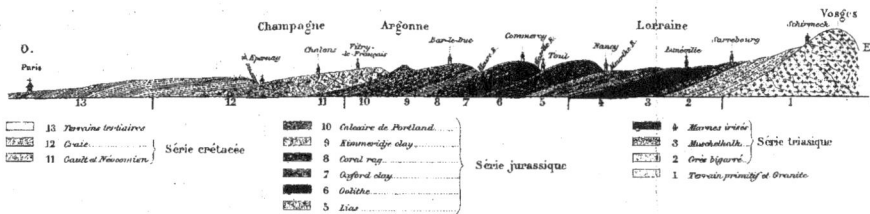

3. Coupe des terrains tertiaires entre Paris et Laon.

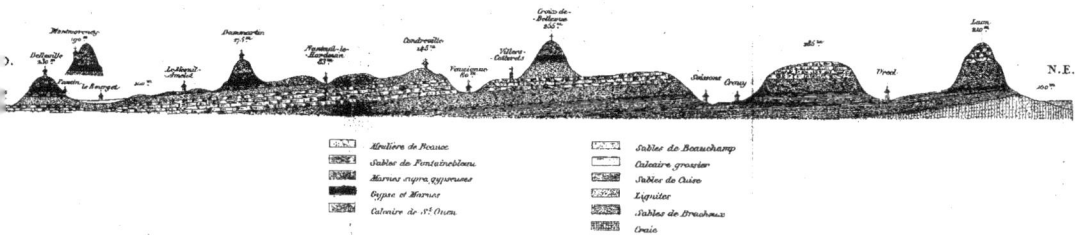

1. Coupe des terrains primaires de l'Ardenne (Monts Hercyniens)

En suivant la vallée de la Meuse.

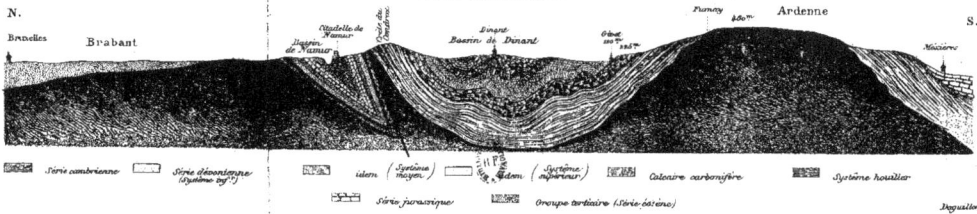

www.ingramcontent.com/pod-product-compliance
Lightning Source LLC
Chambersburg PA
CBHW071959090426
42740CB00011B/2007